사람을 읽는 기술

사람을 읽는 기술

적나라하게 풀어쓴 인간 유형 22가지와 대처법

김영석 지음

좋은땅

들어가며

인간, 그 다양한 얼굴 속에서 나를 찾다

사람은 혼자가 아닌 관계라는 그물 속에서 살아갑니다. 가족, 친구, 직장 동료, 심지어 스쳐 지나가는 낯선 이들까지 우리는 수많은 인간과 마주하며 다양한 유형의 성향과 행동을 경험하고 어떤 이는 성장과 행복에 긍정적인 영향을 미치지만 또 어떤 이는 갈등과 혼란을 일으키기도 합니다. 이처럼 인간 사회는 수많은 얼굴로 이루어진 복잡한 퍼즐과도 같습니다.

저는 어린 시절부터 다양한 환경 속에서 사람들을 관찰하고 경험하며 성장하였습니다. 어린시절 MBC 아역배우로 사회 경험이 시작되어 대학병원부터 외국계 회사로 이어지는 커리어를 쌓는 동안 다양한 시각으로 사람을 볼 수 있었습니다.

이 과정에서 다양한 삶을 살아가는 이들과 관계를 맺으며 각기 다른 세계를 들여다볼 기회를 가졌습니다. 그들의 이야기를 통해 나는 세상을 다각도로 이해하고 사람과 관계를 중심에 둔 시각으로 저만의 경험과 통찰을 쌓아 왔습니다.

이러한 경험들은 제가 사람들에 대해 깊이 관찰하고 고민하게 만든 계기가 되었습니다. 각기 다른 환경과 상황에서도 인간은 저마다 독특한 성향과 유형을 드러냈고 이를 통해 사람들의 행동과 심리에는 일정한 패턴이 있음을 깨달았습니다. 누구나 특정 상황에서 자신만의 방식으로 반응

사람을 읽는 기술

하고 이는 관계와 환경에 크고 작은 영향을 미칩니다.

　그 과정에서 깨달은 점은 하나였습니다. 장소나 상황을 막론하고 어딜 가든 항상 같은 유형의 사람들이 존재한다는 것입니다. 열정적인 사람, 냉소적인 사람, 갈등을 유발하는 사람, 공감을 주는 사람, 그리고 스스로를 내세우며 우위를 점하려는 사람들까지 인간의 성향은 시대와 환경을 넘어 반복되는 패턴처럼 우리 삶에 등장합니다.

　이 책은 제가 살아오며 다양한 현장에서 직접 마주했던 사람들의 유형을 기반으로 그들이 우리의 삶에 어떤 영향을 미치는지 그리고 그들과 함께 살아가며 나만의 위치를 어떻게 확고히 할 수 있는지에 대한 이야기를 담았습니다. 사람들과의 관계 속에서 그들의 특성을 이해하고 적절히 대응하며 나 자신을 잃지 않는 법 그것이야말로 혼란스러운 인간 사회 속에서 나다운 삶을 살아가는 길이라 믿습니다.

　이 책은 단순히 인간 유형을 나열하는 데 그치지 않습니다. 그 다양한 얼굴 속에서 나를 찾고 나답게 살아가는 법에 대한 이야기입니다. 각 유형에 대한 분석과 함께 저자의 경험과 통찰을 더해 가상의 인물로 가상의 상황을 재현하여 작성하였습니다. 이 책이 당신이 삶의 복잡한 관계 속에서 스스로를 발견하고 단단히 세우는 데 도움이 되기를 바랍니다.

차례

> ## 1부 인간 유형의 세계
> 사회적 인간 성향을 읽다 (22가지 유형의 인간들)

인간 유형의 세계

사회적 인간 성향을 읽다 (22가지 유형의 인간들)

제1장

왜 사람은 다를까?

- •• 우리는 왜 서로를 이해하지 못할까?
- •• 성향이란 무엇인가?
- •• 왜 우리는 인간 유형을 이해해야 하는가?
- •• 이 책의 목적
- •• 우리는 왜 사람을 읽어야 하는가?

•• 우리는 왜 서로를 이해하지 못할까?

"저 사람은 왜 저렇게 행동할까?"

"도대체 왜 내 말을 못 알아듣는 거야?"

살면서 이런 생각을 해 보지 않은 사람은 거의 없을 것이다. 회사에서 동료의 행동을 이해할 수 없거나 친구의 지나친 간섭에 짜증이 나거나 가족과의 대화가 번번이 어긋나는 순간들. 우리는 모두 각기 다른 세상을 바라보며 살아가고 있다. 이 다름이야말로 인간 관계의 가장 큰 미스터리이자 동시에 가장 큰 도전이다.

우리는 각자 고유한 성향과 행동 패턴을 가지고 있다. 어떤 사람은 끊임없이 타인의 인정을 갈구하며 살아가고 어떤 사람은 스스로의 성취에 만족하며 외부의 평가에는 무관심하다. 어떤 이는 날카로운 비판과 분석으로 문제를 해결하려 하지만 또 다른 이는 이런 비판을 부담스러워하며 감정적으로 반응한다. 이렇듯 서로 다른 성향은 종종 갈등의 원인이 되지만 동시에 세상을 풍요롭게 만드는 힘이기도 하다.

•• 성향이란 무엇인가?

성향은 개인이 세상을 인식하고 반응하는 방식의 기초다. 성격, 가치관, 경험, 문화적 배경 등 다양한 요소가 모여 개인의 성향을 형성한다. 어떤 사람은 타고난 성격으로 또 어떤 사람은 환경의 영향을 받아 특정한 행동 패턴을 보이게 된다.

예를 들어 완벽주의형 인간은 모든 일을 완벽하게 해내려는 강박적인 성향을 지니며 높은 기준과 세부 사항에 집착하려고 한다. 반면 비판형 인간은 새로운 아이디어나 계획에 항상 회의적이며 현실의 위험 요소를 먼저 지적하는 경향이 있다. 이 두 유형은 같은 프로젝트 팀에 속한다면 반드시 충돌할 것이다. 하지만 이들의 차이를 이해하고 조화롭게 협력할 방법을 찾는다면 팀 전체가 더 나은 성과를 낼 수도 있다.

다름은 갈등의 씨앗이자 조화의 열쇠다.

다름은 종종 갈등의 씨앗이 된다. 우리는 자신과 다른 성향을 가진 사람들을 쉽게 오해하거나 불편하게 느낀다. 예를 들어, 한쪽에서는 "왜 이렇게 느려?"라고 짜증을 낼 수 있고 다른 쪽에서는 "왜 저렇게 성급해?"라고 불만을 가질 수 있다. 그러나 이 다름을 단순한 방해 요소로 볼 것이 아니라 서로를 보완하는 가능성으로 본다면 이야기는 달라진다.

사람을 읽는 기술

다름은 조화의 열쇠 이기도 하다. 사람들은 각자의 장점과 단점을 가지고 있으며 성향의 차이가 존재하기에 팀워크가 가능하고 관계가 발전하며 새로운 아이디어와 혁신이 탄생한다. 갈등을 줄이고 더 효과적으로 관계를 관리하려면 먼저 이 다름을 이해해야 한다. 그리고 그 다름 속에서 우리가 함께할 수 있는 방법을 찾아야 한다.

•• 왜 우리는 인간 유형을 이해해야 하는가?

　인간 유형에 대한 탐구는 단순히 개인의 성격을 분류하는 데 그치지 않고 사회와 인간 본질에 대한 깊은 통찰을 제공한다. 역사적으로 위대한 사상가와 작가들은 인간의 다양성과 본질을 이해하는 것이 개인적 성찰과 사회적 관계 그리고 문명 발전에 얼마나 중요한지를 강조해 왔다.

　아리스토텔레스는 "인간은 지식을 탐구하려는 본능을 가지고 있다"고 말하며 자기 이해를 통해 인간은 더 나은 삶을 추구할 수 있음을 시사했다. 인간 유형에 대한 탐구는 우리가 자신의 성격과 행동을 객관적으로 이해하고 이를 통해 성찰과 변화를 이끌어 내는 데 도움을 준다.

　플라톤과 마르틴 부버는 인간이 관계 속에서 자신의 본질을 드러낸다고 주장했다. 인간 유형을 이해하면 서로의 차이를 존중하고 갈등을 줄이며 조화로운 관계를 형성할 수 있다. 이는 현대 사회에서의 팀워크와 리더십 그리고 커뮤니케이션에도 중요한 기반이 된다.

　프로이드와 융은 인간 심리의 복잡성과 무의식적 동기를 분석하며 인간 유형이 심리적 건강과 밀접한 관련이 있음을 강조했다. 이를 통해 개인의 트라우마를 이해하고 정신적 치유와 내적 평화를 추구할 수 있다.

　장 자크 루소와 톨스토이는 인간 본성과 사회의 상호작용을 탐구하며 인간 유형에 대한 이해가 사회 제도와 문화를 개선하는 데 핵심적인 역할을 한다고 보았다. 인간의 다양성을 인정하고 이를 기반으로 한 사회 시스템을 설계할 때 우리는 더욱 공정하고 조화로운 사회를 만들 수 있다.

셰익스피어는 "모든 사람은 배우"라고 표현하며 인간의 다양한 역할과 유형이 예술적영감을 제공한다고 했다. 인간 유형을 읽는 것은 창작 활동에서 캐릭터와 이야기를 풍부하게 하는 원천이 된다.

인간 유형을 탐구하는 것은 단지 호기심을 채우는 것이 아니라 자기 이해와 관계 개선, 심리적치유, 사회발전, 창작의 도구로 작용한다. 인간은 복잡하고 다층적인 존재이다. 이 다양성을 이해할 때 우리는 자신과 타인 그리고 세상을 더욱 깊이 이해할 수 있다.

•• 이 책의 목적

이 책은 다양한 인간 유형을 탐구한다. 여기서 다루는 22가지 사회적 성향은 우리가 일상에서 흔히 만날 수 있는 사람들의 특징을 작가의 경험에 기반하여 정리된 것이다. 이들 유형은 타인의 행동을 이해하는 데 도움을 줄 뿐만 아니라 스스로를 돌아보는 계기를 제공할 것이다.

책을 읽으며 당신은 이런 생각을 할지도 모른다.

"이거 우리 팀장님 같은데?"

"아, 내 친구가 딱 이렇지."

혹은

"어? 이거 나잖아."

이처럼 자기 주변의 사람들을 떠올리며 읽는다면 더 큰 공감을 얻을 수 있을 것이다. 그리고 나아가 이 유형들을 통해 사람들을 다루는 방법과 더 나은 관계를 맺는 기술을 배울 수 있을 것이다.

•• 우리는 왜 사람을 읽어야 하는가?

    현대 사회는 복잡하다. 직장에서는 동료와 협력해야 하고 개인적인 삶에서는 가족과 친구, 연인을 이해해야 한다. 사람을 읽는 능력은 단순히 좋은 인간관계를 만드는 것을 넘어 당신의 삶 전반에 긍정적인 영향을 미친다. 상대방의 성향을 이해하고 갈등을 줄이며 효율적인 협업을 할 수 있고, 상대방의 성향을 이해하고 나와 불필요한 갈등과 오해를 줄이며 건전한 인간관계를 형성할 수도 있다. 또한 자신이 어떤 유형에 속하는지 이해하면 자신의 장점은 강화하고 약점은 개선할 수도 있다.

    이 세상에는 단 하나의 정답이 없다. 모든 사람이 똑같은 방식으로 행동한다면 세상은 단조롭고 재미없을 것이다. 하지만 다름을 인정하고, 이해하며 함께 조화를 이루는 방법을 찾는다면 우리는 더 나은 삶을 살아갈 수 있다.

    이제 사람을 읽는 기술을 배우기 위한 여정을 시작해 보자.

    다음 장에서는 우리가 흔히 만나는 22가지 사회적 인간 유형을 하나씩 탐구하며 각 유형의 특징과 관계를 맺는 방법을 알아볼 것이다.

〈끝으로 기억하라. 사람은 다르기에 흥미롭고 다르기에 함께할 가치가 있다.〉

사람을 읽는 기술

제2장

주목받고 싶어 몸부림치는 사람들

인정받고 싶어 몸부림치는 인간들의 속내

•• #01 인정욕구형 인간

타인의 시선과 칭찬 속에서 자존감을 확인하며 살아가는 사람

이들은 타인의 칭찬과 관심을 받을 때 큰 동기부여와 에너지를 얻고 자신에 대한 타인의 평가에 의존하는 경향이 강하다. 과도한 SNS 활동과 집단 내에서 존재감을 드러내기 위해 항상 노력하며 주목받기를 원한다.

이러한 성향으로 인하여 몇 가지 문제점을 초래할 수 있는데 본인의 의지보다는 타인의 기대에 부응하려는 경향이 강하고 더 큰 인정과 주목을 받기 위한 필요 이상의 과장된 행동을 보인다. 거절에 취약하여 칭찬이나 긍정적 피드백 대신 비판을 받으면 쉽게 위축되거나 불안한 감정을 느낀다.

이들의 주요 특징으로는 칭찬과 관심에 민감하게 반응하며 타인의 기대에 맞추려는 경향이 강하다는 점이 있다. 항상 눈에 띄고 싶어 하고 과도한 SNS 활동을 통해 존재감을 드러내려 하며, 거절에 취약해 비판을 받을 경우 쉽게 위축된다. 또한 더 큰 인정과 주목을 받기 위해 과잉 행동을 보이기도 한다.

장점으로는 높은 성취 욕구와 타인을 배려하는 능력, 뛰어난 자기관리, 사회적 감각과 사교성을 통해 주위 사람들에게 긍정적인 인상을 남긴다. 끊임없이 자기계발에 힘쓰며 변화에 잘 적응하는 능력도 이들의 강점이다.

그러나 단점도 명확하다. 이들은 평가에 지나치게 의존하며 비판과 비교에 매우 취약하다. 또한 타인의 기대를 충족시키려다 보니 자신의 본질을 놓치기 쉽고 과잉 행동으로 인해 오히려 피로감을 주거나 관계를 해칠 가능성도 있다.

이들은 자기 자신에 대한 명확한 이해와 내적 동기를 찾는 노력이 필요하다. 이를 통해 자신의 진정성을 바탕으로 주변과의 관계를 더욱 건강하게 유지할 수 있을 것이다.

인정의 굴레, 나를 만나다.

지연은 누구보다 열심히 일했다. 회의 준비를 위해 밤늦게까지 자료를 만들고 동료들에게 자신의 노력을 어필하기 위해 꼼꼼히 자료를 준비했다. 하지만 회의 시간 상사의 칭찬은 다른 동료에게 돌아갔다.

팀장이 밝은 목소리로 "이번 프로젝트 모두 정말 고생 많았어! 다들 열심히 준비했지만 미영이가 어려운 걸 맡아 주지 않았다면 힘들었겠지, 모두 미영이에게 박수!!"라고 말할 때 지연은 억지 미소를 지으며 무감각한 박수를 쳤다. 그러나 속으로는 자신이 인정받지 못한 것에 서운함과 억울함이 소용돌이쳤다.

"이렇게 열심히 했는데 왜? 내가 준비한 게 훨씬 더 어렵고 잘 한 것 같은데"

마음은 퇴근 후에도 지연의 마음을 떠나지 않았다. 집에 돌아온 그녀는 인정 욕구를 채워 줄 그녀만을 위한 가상의 무대인 SNS를 열었다. 그곳에서만큼은 사람들이 자신을 인정해 준다는 느낌을 받았다.

지연은 멋진 카페에서 찍었던 사진과 함께 "오늘 하루도 수고 많았어!! 퇴근 후에도 카페 업무"라는 글을 올렸다. 반응은 늘 그렇듯 뜨거웠다. "진짜 멋져! 역시 커리어 우먼", "정말 부지런하다!", "일 잘하는 사람은 역시 다르네" 등 여러 댓글들이 달렸다.

직장에서 인정받지 못한 지연은 주변 사람들에게 더 완벽한 모습을 보이려 애썼다. 더 자주 여행 사진을 올리고 오마카세 등 멋진 일상 공유하며 '인정받고 싶다'는 욕구를 충족시켰다. 하지만 SNS로 얻은 인정과 부러움도 오래가지 못했다.

그뿐만 아니라 지연은 인간관계에서도 끊임없이 좋은 사람으로 인정받고 싶었다. 동료가 어려움을 겪으면 가장 먼저 달려가 도와주고 친구들 모임에서는 항상 분위기를 주도하며 배려하려 애썼다.

하지만 돌아오는 반응은 지연이 기대한 만큼 크지 않았다. "고마워"라는 짧은 인사로 끝나거나 당연한 사람으로 생각하는 일이 많았다. 그러면 지연은 "내가 이렇게 노력하는데 왜 사람들은 나를 진심으로 인정하지 않을까?"라는 생각에 억울함을 느꼈다.

지연의 일상은 직장, SNS, 인간관계를 넘나들며 계속 같은 패턴을 반복했다. 어디서도 완전히 충족되지 않는 인정 욕구는 점점 더 커져 갔고 그녀는 더 열심히 노력하고 더 많은 에너지를 쏟아부었다. 하지만 돌아오는 것은 더 큰 피로감과 소외감뿐이었다.

인정받고 싶은 마음은 누구나 느낀다. 하지만 그 인정이 자기 자신으로부터 나올 때 우리는 더 행복하고 자유로운 삶을 살 수 있다는 것을 지연은 뒤늦게 알게 되었다.

사람을 읽는 기술

인정욕구형 인간에 대한 대처법

인정욕구형 인간에게 효과적으로 대처하기 위해서는 적절한 칭찬과 피드백을 제공하는 것이 중요하다. 이들에게 인정은 큰 동기부여 요소이므로 작은 성과라도 진심으로 칭찬하고 긍정적인 피드백을 주는 것이 효과적이다. 예를 들어 "이번 프로젝트에서 당신의 세세한 준비가 큰 도움이 되었어요"와 같은 구체적인 칭찬은 그들의 자신감을 북돋을 수 있다.

다만 칭찬에만 치중하기보다는 개선이 필요한 점도 부드럽게 전달하며 성장의 기회를 제공해야 한다. "이 부분은 정말 잘했어요! 다만 다음번엔 이런 점을 보완하면 더 좋아질 것 같아요"와 같이 칭찬과 조언의 균형을 맞추는 것이 중요하다.

또한 이들이 타인의 평가에 지나치게 의존하지 않도록 스스로 만족할 수 있는 기준을 설정하도록 격려하며 "내가 보기엔 이미 충분히 잘하고 있어요. 본인이 느끼기에 어떤 점이 가장 자랑스럽나요?" 같은 조언을 건네는 것이 도움이 될 수 있다.

타인과 자신을 비교하며 스트레스를 받는 경향이 있다면 비교 대신 자기 계발에 집중하도록 유도하며 "남들과 비교하기보다는 이전의 당신과 지금의 당신을 비교해 보세요. 훨씬 성장했잖아요" 같이 긍정적인 방향으로 이끌어야 한다.

비판이 필요한 상황에서도 상대의 감정을 상하지 않게 배려하며 "이 부분은 좀 더 개선할 여지가 있지만 전체적으로 매우 훌륭한 성과예요"라고 말해 안정감을 제공하는 것이 필요하다.

마지막으로 책임감 있는 역할을 부여해 자존감을 강화시키고 성취감을 느낄 기회를 제공하는 것도 유용하다.

예컨대 "이 프로젝트는 당신만큼 이 역할을 잘할 사람이 없어요. 한번 맡아봐 주세요"라는 말을 통해 그들의 역량을 신뢰하고 인정하는 모습을 보이는 접근은 인정욕구형 인간이 건강한 방식으로 성장하고 자신감을 갖도록 돕는 데 효과적이다.

인정욕구형 인간과 함께 생활하면 그들의 칭찬과 관심에 대한 갈망이 분위기를 활기차게 만들고 동기부여를 통해 긍정적인 에너지를 끌어낼 수 있다. 그러나 이들이 지나치게 외부 평가에 의존하면 쉽게 불안정해지고 끊임없는 인정 요구로 주변 사람들에게 부담을 줄 수 있다.

함께 생활할 때는 적절한 칭찬과 피드백을 제공하되 그들의 자기 가치를 외부가 아닌 내면에서 찾도록 돕는 것이 중요한 동시에 비판이나 거절은 부드럽게 전달하며 감정적으로 상처받지 않도록 주의해야 한다.

사람을 읽는 기술

•• #02 자기과시형 인간

끝없이 자신을 포장하며 돋보이고 싶어 하는 사람

자기과시형 인간은 자신의 능력, 업적, 외모 등을 과도하게 부각하며 이를 통해 타인의 인정과 주목을 받고자 한다. 이들은 자존감을 외부로부터 확인받으려는 욕구가 강하며 자신의 이미지를 꾸미거나 실제보다 부풀려 표현하기도 한다. 하지만 지나친 과시는 타인에게 피로감을 주거나 관계의 진정성을 의심받게 할 수 있다.

자기과시형 인간의 주요 특징으로는 자신의 업적이나 능력을 실제보다 크게 부각하며 성취와 능력을 과장하는 경향이 있다. 타인의 주목에 민감하여 관심을 받지 못하면 불안하거나 초조해하며 타인의 칭찬을 받을 수 있도록 대화나 행동을 설계해 칭찬을 유도하는 행동을 보인다.

또한 자신이 항상 더 우월하다고 느끼려는 경쟁적 태도를 보이며 타인의 성과를 은근히 깎아 내기도 한다. 외모, SNS, 말투 등을 통해 자신을 돋보이게 하려는 이미지 관리에 집착하는 모습도 특징적이다.

이들의 행동은 몇 가지 긍정적인 효과를 가져온다. 자신을 긍정적으로 포장하며 당당한 모습으로 주목받는 자신감 넘치는 태도와 높은 목표를 설정하고 이를 달성하려는 열정과 목표 지향적 성향이 돋보인다.

자신의 강점을 적극적으로 어필하며 사람들에게 강한 인상을 남기는 영향력 발휘 능력과 자신을 표현하는 데 능숙해 대화를 흥미롭게 이끌어 가는 대화와 스토리텔링 능력도 강점이다. 주목받는 것을 즐기기 때문에 다양한 모임과 활동에서 중심 역할을 수행하며 활발한 사회적 활동을 보여 준다.

그러나 단점도 명확하다. 과도한 자기 과시로 인해 주변 사람들에게 피로감을 유발하며 자신의 이미지에만 집중해 진솔한 관계를 형성하기 어려운 관계의 피상성을 초래할 수 있다.

항상 자신이 우월하다고 느끼려는 태도는 타인과의 비교로 갈등을 유발하며 자신의 약점이나 실수가 지적되면 과도하게 방어적이거나 예민하게 반응하는 비판에 취약한 모습을 보인다. 겉으로는 자신감이 넘치지만 타인의 인정 없이는 불안정한 심리를 가지며 내면적 불안감을 드러내기도 한다.

자기과시형 인간은 이러한 성향을 인식하고 내면의 불안을 해소하며 진정성 있는 관계를 구축하려는 노력이 필요하다. 자신의 강점을 건강하게 표현하면서도 타인과의 진솔한 교류를 통해 균형 잡힌 사회적 관계를 유지하는 것이 중요하다.

허세의 무게, 그리고 내려놓음의 용기

어느 날 아침 유주는 출근 준비를 하며 거울 앞에 섰다. 어제 늦게까지 다림질한 셔츠와 준비한 옷을 입고 깔끔하게 화장을 마쳤다. 오늘도 회사에서 완벽하고 화려한 모습을 보여 주기 위해 준비를 마친 유주는 속으로 생각했다. '오늘은 내가 제일 화려하고 아름답겠지?' 하지만 마음 한편엔 어딘가 공허한 감정이 자리 잡고 있었다.

유주는 최근 진행된 회사의 프로젝트에서 좋은 성과를 냈다. 회의 시간 그녀는 당당히 말했다. "이번 성과는 제가 제안한 전략 덕분이에요. 정말 잘 맞아떨어졌죠!" 물론 그녀도 열심히 노력했지만 사실 팀원들의 협력이 없었다면 이뤄질 수 없는 결과였다.

동료들은 조용히 고개를 끄덕였지만 반복되는 그녀의 자기 강조에 미묘한 거리를 두기 시작했다. 유주는 그들의 반응을 알아차리지 못한 채 자신이 주목받지 못한다는 불안감에 휩싸였다. 그녀는 자신의 공로를 더 부각시키기 위해 노력했지만 동료들의 시선과 관계는 조금씩 멀어지고 있었다.

유주는 업무 중에도 실시간으로 SNS를 열었다. 최근 다녀온 여행 사진을 올리며 "최고의 뷰, 5성 호텔, 흔한 일상"이라는 글을 적었다. 유주의 사진은 유료 보정 어플로 몇 차례 보정된 것이었고 실제로는 특별한 감정을 느끼지 못한 과시용 사진을 찍기 위한 여행이었다. 그러나 댓글과 반응은 뜨거웠다.

"여신 유주 님 아름답다", "어디야? 너무 멋지다 나도 꼭 가보고 싶어", "역시 유주! 부자는 달라", "남편이 사업가라더니 부러워" 또는 그녀의 허세와 과시에 마음속으로 조용히 그녀를 흉보거나 질투하는 사람들도 많아졌다.

이런 긍정적인 반응들은 잠시나마 그녀를 만족시켰지만 시간이 지나면서 반응이 줄어들자 그녀에게 불안과 과시 욕구가 더욱 더 몰려왔다.

"나는 너희들과 달라! 나의 화려한 삶을 더 뽐내야 해."

그 불안과 욕구를 해소하기 위해 유주는 더 자극적이고 화려한 사진들을 SNS에 실시간으로 마구잡이 올리기 시작했다. 현실과 동떨어진 모습이었지만 그녀는 사람들의 관심이 계속 자신에게 머물기를 바라며 SNS에

푹 빠진 그녀는 휴대폰이 손에서 떨어지는 시간이 없었다.

주말 친구들과의 모임에서도 유주는 주목받는 사람이 되고 싶었다.

"우리 아이가 이번에 전국 대회에서 상을 받았거든. 너네들도 과외 시켜봐 여기 선생님 의대 다니고 있는데 내가 연결시켜 줄게~"

"남편이 이번에 투자를 크게 받았대. 나는 사업은 잘 모르지만 업계에선 본인이 유명하다나~ 나한테도 그렇게 잘해 보라고 흥!"

친구들은 유주에 쉴 틈 없는 자랑에도 함께 즐거운 시간을 보내려고 노력하였지만 누군가 다른 이야기를 시작하면 유주는 은근히 그 이야기를 깎아 내리곤 했다. "요즘은 그 정도는 다들 하지 않아?"

처음에는 그녀의 이야기를 경청하며 즐거워하던 친구들도 점차 말을 줄였고 분위기는 어색해졌다. 모임이 끝난 후에도 유주는 여전히 채워지지 않는 마음의 허전함을 느꼈다.

유주의 삶은 직장, SNS, 모임 등 인간관계를 넘나들며 같은 패턴을 반복했다. 어디에서도 그녀는 완전히 만족할 수 없었다. 주목받기 위해 쏟아부은 그녀의 노력은 순간적인 만족감을 가져다주었지만 곧바로 더 큰 불안과 스트레스 그리고 피로로 돌아왔다. 사람들에게 주목받으려 애쓸수록 그녀의 내면은 더 공허해졌다.

어느 날, 주변 사람들이 자기를 멀리 한다는 걸 알아차린 유주는 거울을 보며 스스로에게 물었다.

"왜 나는 이렇게까지 하는 걸까?"

그 질문 속에서 그녀는 자신의 문제를 깨달았다. 그녀가 갈망했던 것은 남들의 칭찬과 관심 아니라 자기 자신을 있는 그대로 받아들이는 마음이었다. 외부에서 오는 인정은 일시적일 뿐 진정한 만족은 내면에서 나와야

사람을 읽는 기술

한다는 사실을 깨달았다.

유주는 조금씩 자신을 바꾸기로 했다. 회사에서는 공로를 독차지하려 하지 않고 팀원들의 노력을 먼저 인정하며 협력의 가치를 배워나갔다. SNS에서는 꾸며 낸 이미지를 내려놓고 진솔한 일상을 공유하기 시작했다. 친구들과의 모임에서는 자신의 이야기를 줄이고 다른 사람들의 이야기를 경청하며 공감하려 노력했다.

유주는 완벽하지 않아도 괜찮다는 것을 깨달으며 조금씩 평화를 되찾았다. 그녀는 더 이상 남들의 인정에 집착하지 않고 자신의 가치를 스스로 인정하는 법을 배웠다. 인정받고 싶은 마음은 누구나 느끼지만 진정한 행복은 그 인정이 자신으로부터 나올 때 비로소 시작된다는 것을 깨달았다.

그녀의 삶은 그렇게 조금씩 그러나 확실히 행복을 향해 나아가고 있었다.

자기과시형 인간 대처법

자기과시형 인간에게 효과적으로 대처하려면 칭찬과 피드백의 균형을 맞추는 것이 중요하다. 이들의 성과를 인정하면서도 과도한 과시에 대해서는 융통성 있게 피드백을 제공해야 한다.

예를 들어 "정말 대단하네요! 다만 팀원들의 역할도 한 번 강조해 주시면 좋겠어요"와 같이 성과를 인정하면서도 다른 사람들을 고려하도록 제안할 수 있다. 과장된 이야기를 진솔한 대화로 전환해 관계의 깊이를 더하는 것도 유용하다. "그렇군요! 그 과정에서 가장 어려웠던 점은 뭐였나요?"라는 질문은 과시를 부드럽게 자연스러운 대화로 이끌 수 있다.

타인과의 비교를 통해 과시하려는 경향을 줄이기 위해서는 공감적인 대화를 통해 중심을 옮기는 것이 필요하다. "정말 멋지네요. 그런 부분을 다른 사람들도 배우면 좋겠어요"라는 말로 긍정적인 공감을 표현하면 효과적이다. 만약 과도한 과시가 갈등을 초래할 경우 직접적인 비판보다는 긍정적인 방향성을 제시하는 접근이 좋다. "당신의 이야기는 정말 흥미롭지만 조금 더 구체적인 사례를 들면 더 설득력이 있을 것 같아요"와 같은 피드백이 적합하다.

칭찬에 대한 의존도를 줄이기 위해서는 스스로 성취감을 느낄 수 있는 환경을 만들어야 한다. 예를 들어 "이 일은 당신이 정말 잘할 수 있는 분야예요. 결과가 나오면 스스로도 자랑스러워하실 거예요"라고 말하며 자율성을 격려할 수 있다.

마지막으로 관계가 피상적이지 않도록 이끌기 위해 단순히 자랑을 듣고 끝내지 말고 더 깊은 이야기와 고민을 나눌 수 있는 대화를 시도해야 한다. "정말 많은 걸 이루셨네요. 앞으로 도전해 보고 싶은 건 무엇인가요?"라는 질문은 그들의 내면적인 목표나 동기를 탐색할 기회를 제공하며 이런 접근은 자기과시형 인간과의 관계를 보다 건강하고 의미 있는 방향으로 발전시키는 데 도움이 될 수 있다.

자기과시형 인간은 자신의 성취를 강조하며 긍정적인 에너지를 발휘하기도 하지만 과도한 과시는 관계에 부담을 줄 수 있다. 이들과 함께 생활하거나 일할 때는 칭찬과 피드백의 균형을 유지하고 진솔한 대화를 통해 그들의 내면적 불안을 해소하도록 돕는 것이 중요하다.

그들의 성과를 인정하되 지나친 경쟁적 태도를 지양하고 타인과 협력하는 방법을 배우도록 격려하는 것이 핵심이다. 과시는 자존감을 확인받으려는 신호일 수 있으므로 이를 존중하면서 관계를 깊게 만들어야 한다.

사람을 읽는 기술

•• #03 관계과시형 인간

인간관계를 통해 본인을 과시하는 사람

　관계과시형 인간은 자신의 인간관계를 과장하거나 자랑하며 이를 통해 자신이 얼마나 영향력 있는 사람인지 보여 주고자 한다. 이들은 유명 인사, 권위 있는 사람, 혹은 인기 있는 사람과의 친분을 강조하며 자신의 위치나 가치를 타인의 눈에 과시하는 데 집중한다. 그러나 이러한 과도한 행동은 주변 사람들에게 피로감을 주거나 관계의 진정성을 의심받게 만들 수 있다.

　관계과시형 인간의 주요 특징으로는 유명 인물과의 관계를 자주 언급하며 권위자나 인기 있는 사람과의 친분을 강조하는 경향이 있다. 자신의 관계망을 통해 간접적으로 자신의 가치를 드러내려는 사회적 위치 과장과 자신의 인간관계를 타인의 관계와 비교하며 우월감을 드러내는 비교 심리가 두드러진다. 이들은 타인의 관심과 부러움을 받기 위해 관계를 자랑하고 실제 관계를 발전시키기보다 보여 주기에 치중하는 모습을 보인다.

　긍정적인 면으로는 넓은 네트워크를 유지하며 다양한 사람들과 관계를 맺고 정보를 교환하는 능력이 있다. 사교적 성향과 활발한 커뮤니케이션 능력을 통해 사람들에게 호감을 사고 특정 상황에서 사람들을 연결하거나 관계를 활용해 실질적인 도움을 제공하기도 한다.

관계를 통해 자신의 위치를 부각하며 높은 외부 관심을 유도하고 새로운 환경에서도 쉽게 네트워크를 형성하며 적응하는 사회적 적응력도 이들의 강점이다. 그러나 단점 또한 명확하다. 인간관계를 과장하거나 도구적으로 활용해 주변의 신뢰를 잃을 가능성이 있으며 끊임없는 과시와 자랑이 타인에게 피로감을 줄 수 있다.

자신의 가치를 관계를 통해서만 확인하려는 의존적 태도를 통해 관계를 과시하지만 실제로는 깊이 있는 관계 형성이 부족한 내면적 공허함도 문제로 작용한다. 자신의 인간관계를 우월하게 보이며 다른 사람의 관계를 평가절하하는 태도는 타인과의 갈등을 초래할 수 있다.

관계과시형 인간은 자신의 관계와 가치를 진정성 있게 다루며 과시보다 내실 있는 관계를 형성하려는 노력이 필요하다. 이를 통해 자신과 주변 사람들 모두에게 긍정적인 영향을 미치는 균형 잡힌 사회적 관계를 구축할 수 있을 것이다.

관계의 허울, 화려함 속의 고독

어렸을 적 꽤나 잘 사는 집에 태어난 재웅은 그의 어린 나이에 아버지 사업이 크게 망하면서부터 였을까. 부잣집 도련님에서 빚쟁이에 매일 쫓기는 신세로 전락해 버린 어린아이는 학교에서도 친구들에 혹여나 놀림을 당할까 강해 보이고 싶었고 약한 아이들을 괴롭히며 자신이 보는 모습보다 더 대단한 사람처럼 보이고 싶었다.

재웅은 언제나 자신을 특별한 사람처럼 보이고 싶었다. 평범하거나 오히려 부족한 그의 일상 속에서 그가 빛나고 주목받을 수 있는 가장 쉬운 방법은 자신의 관계를 과시하는 것이었다. 친구들, 지인들, 그리고 SNS 팔로워들까지 그의 삶은 언제나 넓고 화려한 네트워크로 둘러싸여 있는 것처럼 보였다. 그러나 그 관계들이 진짜였는지는 아무도 몰랐다. 아니, 사실 재웅 자신 조차도 진짜라고 믿고 있었다.

재웅은 주변 지인 회식 자리에서 늘 화제의 중심에 섰다. 이날도 마찬가지였다. 다른 지인들이 스포츠 이야기로 대화를 이어 가자 재웅은 웃으며 소주잔을 들었다.

"아, 말 나온 김에, 제 친구 중에 유명한 야구선수가 있는데 김스타 알죠? 어렸을 때부터 친구인데 얼마 전에 같이 만나서 소주 한잔하며 "요즘 부진하던데 잘 좀 해 봐"라고 제가 얘기했죠."

모두의 시선이 재웅에게 쏠렸다. "와, 정말요? 친해요? 싸인 좀 받아 주세요", "기회 되면 술 한 잔이라도 자리를 만들어 줄 수 있나요?"라는 질문이 쏟아졌다. 재웅은 어깨에 힘이 잔뜩 들어가 말하며 그 사람과 찍은 사진이 있다고 말하며 주변에 보여 줬다.

하지만 그 사진은 오래전 팬으로 우연히 찍은 단체 사진의 한 조각이었다.

사람들은 모두 놀라움과 부러움을 이야기했지만 곧 대화가 다른 주제로 넘어가자 재웅은 약간 초조해졌다. '아는 형님이 연예 기획사 대표라고 이야기를 꺼내 볼까?' 그는 혼자 생각하며 다음 대화의 흐름의 주도권을 기다렸다.

재웅은 SNS에서도 늘 화려했다. 최근 한 명품 자동차 브랜드의 행사장에서 근사한 자동차와 함께 유명 사업가와 찍은 사진을 올렸다. 캡션은 이렇게 적혀 있었다. "친구 놈 잘 만나서 VIP 초대.", "나도 곧 함께 할게

베프 인증"

사실, 재웅과 그와 나눈 대화는 단 한 문장뿐이었다. "팬이에요 만나서 영광입니다." 사실 알고 보니 재웅이 그 행사에 참여하게 된 계기는 유명 자동차 브랜드의 딜러로 일하고 있는 친구가 이벤트로 받았던 행사 참석 티켓을 개인 일정으로 참석이 어렵자 친구인 재웅에게 저렴하게 판매한 티켓이었고 유명 사업가는 그 행사의 게스트였던 것이었다.

그러나 이 사실을 모르는 재웅의 SNS 팔로워들은 그의 게시물에 열광했다. "역시 재웅 님, 능력이 대단해요!" "진짜 부러워요 저도 참석하고 싶네요" 등의 반응과 함께 여성들의 좋아요 관심과 다이렉트 메시지에 재웅은 잠시나마 만족감을 느끼며 나 또한 대단한 사람이 된 것 같은 느낌이 들었다.

하지만 얼마 지나지 않아 더 멋있있고 화려한 콘텐츠를 올려야 한다는 부담감이 그를 짓눌렀다. '다음엔 어떤 사진을 올려야 사람들이 더 관심을 갖을까?' 그는 생각에 잠겼다.

며칠 후, 재웅은 회사에서 진행될 중요한 사업을 맡게 되었다. 5명 남짓의 중소기업에 다니고 있는 그는 사장에게 자신감 넘치게 말했다. "제가 그 사업의 업체 사장님 잘 알아요. 우리 회사에 유리하게 풀릴 겁니다."

사실 그가 그 사람과 나눈 건 거래처에 물건을 전달하려 찾아갔다가 우연히 거래처 손님으로 온 그 사장에게 몇 초간의 명함 교환과 인사가 전부였다. 하지만 재웅의 사장은 그의 말에 기대감을 품으며 그에게 성심성의껏 잘해 주기 시작하였다.

문제는 그 사업이 막히기 시작하면서부터였다. 업체 담당자와의 대화는 재웅이 예상했던 것보다 차갑게 진행되었고, 업체의 사장에게 실질적인 도움을 기대하기 어려웠다. 재웅의 사장이 "연락 잘 되고 있어요?"라고 묻자 재웅은 당황하며 얼버무렸다.

"아, 그분이 요즘 너무 바쁘시더라고요. 제가 다시 한번 시도해 보겠습니다." 하지만 이미 새로운 사업은 몇 달째 지지부진이었고 사장의 신뢰는 금이 가고 있었다.

재웅의 일상은 관계를 과시하려는 노력과 그것이 무너지는 순간들의 반복이었다. 회식 자리에서 떠들었던 이야기들은 점점 지인들 사이에서 신뢰를 잃게 했고 SNS에 올린 유명 인플루언서들과 찍은 사진들은 시간이 지나며 재웅 자신에게조차 거짓처럼 느껴졌다. 회사에서는 스스로 만든 허세 속에서 점점 더 압박감을 느꼈다.

그는 항상 화려해 보이는 삶을 유지하려 애썼지만 정작 집으로 돌아오면 늘 공허함과 외로움에 시달리며 자신의 인생을 한탄했다. 하지만 다음 날이 되면 다시 그의 관계의 과시는 여전히 진행 중이다.

관계과시형 인간 대처법

관계과시형 인간에게 효과적으로 대처하려면 그들의 과시 행동을 자신감을 얻으려는 방식으로 이해하고 공감하는 태도가 필요하다. 이를 비판하기보다 긍정적으로 받아들이며 "정말 대단한 분과 아시네요. 그분과 어떤 얘기를 나누셨나요?"와 같은 반응으로 관심을 보이는 것이 효과적이다.

동시에 실질적인 관계의 중요성을 강조하며 "그분과 앞으로 더 의미 있는 관계를 발전시키면 좋을 것 같아요"라고 부드럽게 진정성을 전달하는 것도 필요하다. 만약 과장된 이야기가 사실과 다르다면 논리적이고 차분하게 진위를 확인하는 접근이 적합하다.

예를 들어 "그분이 이런 프로젝트를 맡았다고 하셨는데 구체적으로 어떤 역할을 하셨나요?"라는 질문은 자연스럽게 상황을 파악하도록 돕는다. 또한 그들이 인간관계 외에도 다른 강점을 발견하도록 도와 내적 자존감을 강화할 수 있다. "관계도 중요하지만 당신만의 능력도 굉장히 뛰어나요. 그런 면을 더 보여 주세요"라는 말로 독립적인 가치를 인식하게 할 수 있다.

관계의 질을 높이는 방향으로 대화를 이끌어 단순히 과시하는 데 그치지 않고 실질적으로 관계를 활용하도록 제안하는 것도 유용하다. "그분과 협력해 새로운 프로젝트를 추진하면 정말 멋질 것 같아요"라는 제안은 긍정적인 방향성을 제공한다.

마지막으로 관계에 대한 과도한 의존을 줄이고 자신만의 독립적인 가치를 찾도록 격려하는 것이 중요하다. "사람들과의 관계도 좋지만 당신 스스로의 업적도 충분히 자랑스러워하셔도 돼요"라는 말로 자율성과 자신감을 키울 수 있는 환경을 조성해야 하며 이러한 접근은 관계과시형 인간과의 상호작용을 건강하고 긍정적으로 유지하는 데 도움이 될 수 있다.

관계과시형 인간은 넓은 네트워크와 사교성을 바탕으로 사회적 영향력을 키우려는 강점을 가지고 있지만 과도한 과시는 관계의 진정성과 신뢰를 떨어뜨릴 수 있다. 이들과 함께할 때는 과시의 긍정적 측면을 인정하면서도 관계의 깊이와 진정성을 발전시키도록 유도하는 것이 중요하다. 관계는 단순히 자랑거리가 아닌 상호 신뢰와 성장을 위한 도구임을 깨닫게 하는 것이 핵심이다.

사람을 읽는 기술

•• #04 열정과잉형 인간

과도한 에너지로 주목받고 싶은 사람

열정과잉형 인간은 목표를 위해 자신의 모든 에너지를 쏟아붓고 주변 사람들에게도 비슷한 수준의 열정을 기대한다. 이들은 자신이 좋아하는 일에 깊이 몰입하며 쉽게 포기하지 않는 의지를 보인다. 그러나 과도한 열정이 주변 사람들에게 부담이 될 수 있으며 열정이 식으면 쉽게 지치거나 회의감을 느낄 수 있다.

열정과잉형 인간의 주요 특징으로는 목표나 관심사에 열정적으로 뛰어들고 온 힘을 다하는 높은 에너지와 몰입도를 보인다. 이들은 주변 사람들에게도 자신과 같은 열정을 요구하며 성공과 성취에 집착하고 끝까지 해내려고 노력하는 결과 중심적 사고를 가진다. 또한 목표 달성을 위해 긴 시간 동안 꾸준히 노력하며 쉽게 지치지 않는 모습을 보이지만 지나치게 몰입한 후 갑작스러운 피로와 회의감을 느끼는 열정 소진 가능성도 있다.

이들의 긍정적인 면으로는 높은 동기 부여를 통해 조직에 활력을 불어넣고 목표 달성을 위해 끊임없이 노력하는 모습을 보여 준다. 강력한 추진력으로 어려운 목표도 끝까지 밀어붙이고 열정과 의욕을 주변 사람들에게 전달하며 영감을 제공한다. 몰입과 집중을 통해 창의적인 아이디어와 성과를 도출하며 실패에도 쉽게 좌절하지 않고 다시 도전하는 포기하지 않는 태도를 갖추고 있다.

그러나 단점도 분명하다. 주변 사람들에게도 지나친 열정을 기대하며 피로감을 유발하고 열정에 매몰되어 다른 관점이나 전략을 수용하지 못하는 융통성 부족이 문제로 작용할 수 있다. 지속적인 열정 유지로 인해 심리적 체력적으로 소진되기 쉬우며 모든 일을 자신의 기준으로 판단해 타인의 속도를 무시하는 경향도 있다. 과정보다 결과에 집착해 목표를 놓치면 큰 좌절감을 느끼는 결과 집착도 단점 중 하나다.

열정과잉형 인간은 자신의 열정을 긍정적으로 유지하면서도 주변 사람들과의 조화를 고려하며 균형을 맞추는 노력이 필요하다. 이를 통해 자신의 강점을 극대화하고 다른 사람들에게도 긍정적인 영향을 미칠 수 있을 것이다.

열정의 과잉과 상실된 공감

어렸을 적 태권도 선수로 학창 시절을 보낸 문철은 항상 넘치는 에너지와 승부욕이 강한 아이였다. 이런 문철은 체육대학에 입학하였고 열정이 넘치고 끼도 있었던 문철은 학생회 활동을 하며 동시에 학사 장교에 지원해 군 생활도 장교로 전역했다.

문철은 누구보다 열정적이고 에너지 넘치는 사람이었다. 그는 일에서든 인간관계에서든 항상 최고를 추구했다. "열정이 부족하면 아무것도 이룰 수 없다"는 것이 그의 신념이었다. 그러나 그 열정이 너무 넘친 탓에 문철의 삶은 점점 엇나가기 시작했다. 최근 문철은 회사에서 워크숍을 준비하는 TF를 맡았다.

그는 모두에게 유익하고 즐거운 워크숍을 완벽히 준비하기 위해 밤낮없이 고민했고 준비를 맡은 다른 동료들에게도 퇴근후에도 주말에도 끊임없이 추가적인 노력을 요구했다.

"이번 워크숍은 정말 중요합니다. 다들 조금만 더 고민해서 아이디어를 전달해 주시면 이번 워크숍의 만족도가 배가 될 겁니다."

처음에는 동료들도 문철의 열정에 감화되어 함께 노력했지만 지날수록 그들의 얼굴엔 피로감과 불만이 드러났다. 문철은 동료들의 반응을 이해하지 못했다.

"모두를 위해 내가 희생해서 이렇게 열심히 하고 있는데 왜 저 사람들은 내 열정을 따라오지 못할까? 꼭 나만 준비하고 있는 것 같아."

워크숍을 준비하는 회의 중 한 동료가 웃으며 조심스럽게 말했다. "문철 님, 조금만 여유를 가지는 것도 좋을 것 같아요. 다들 너무 힘들어하고 있습니다."

그러나 문철은 그 말을 쉽게 받아들이지 못했다.

"저도 힘들어요 그렇지만 우리가 준비하는 워크숍이니 최고로 한번 만들어 봐요!" 그는 단호하게 말했다.

결국 동료들과의 갈등은 깊어졌고 워크숍은 이전의 워크숍과 큰 틀이 벗어나지 않는 선에서 예산에 맞춰 평범하게 진행되었다. 행사가 끝난 뒤에도 문철은 동료들과 서먹한 관계를 이어 갔다. 여러 동호회에 가입한 문철은 모임에서도 그의 열정이 멈추지 않았다. 그는 항상 모임의 중심에 서서 모든 활동을 주도하려 했다.

"이번 주말엔 날씨가 좋다는데 모두 함께 등산을 가죠. 제가 근처에 뷰가 멋진 등산 코스를 잘 알고 있어요!"

처음엔 사람들도 그의 열정적인 제안을 따라갔지만 그의 활동이 계속될수록 사람들은 점점 지쳐 갔다.

"문철 님… 이번 주말은 그냥 쉬고 싶은데…"

하지만 문철은 사람들의 피로를 이해하지 못했다.

"쉬면 뭐해? 이렇게 해야 우리가 더 좋은 추억을 만들지 쉴 거면 왜 동호회에 가입해?"

결국 사람들은 그의 활동적인 제안에 점점 반응하지 않게 되었고 모임 참석자 수도 줄어들었다. 문철은 그 이유를 몰라 답답해하며 다른 동호회를 찾기 위해 동호회 어플과 새로운 모임의 채팅방을 탐색한다.

문철은 자신의 열정을 증명하기 위해 직장에 다니지만 개인 사업에도 뛰어들었다. 그는 사업의 모든 부분을 스스로 처리하며, 매일 새벽까지 고민했다. "나보다 더 열심히 안 하는 사람도 성공하는데 나는 더 크게 성공할 거야 두고 봐!!"라며 그는 자신을 몰아붙였다. 처음엔 성과가 나오는 듯했다. 그러나 점점 일이 쌓이고 체력과 정신력이 소진되면서 문철은 번아웃에 빠졌다. 기존의 중요한 업무 잊어버리거나 실수를 반복했고 고객과의 약속을 놓치기도 했다.

"내가 이렇게 열심히 했는데 뭐가 문제지?"

결국 그는 사업을 멈추기로 결정했다. 그러나 그 과정에서 그는 자신이 지치고 상처받았음을 인정하지 못한 채 대출 빚과 함께 자책만 남았다.

"내가 더 열정적으로 했으면 됐을 텐데… 시기를 잘못 탄 것 같아."

문철의 삶은 항상 열정으로 시작되었지만 점점 지치고 멀어지는 사람들과의 관계 그리고 자신을 소진시키는 끝없는 노력으로 이어졌다. 그는

사람을 읽는 기술

늘 "최선의 노력을 해야 한다"는 압박 속에 살았지만 그 결과는 번아웃과 외로움이었다. 그는 어느 날 자신이 항상 목표를 완벽히 이루고자 하는 강박관념 속에 갇혀 있음을 깨달았다.

사람들과의 관계나 자신의 건강보다 성과에 집착했던 것이다. 문철은 비로소 알게 되었다. 열정은 중요하지만 그것이 모든 것을 삼켜버리면 아무것도 남지 않는다는 것을. 사람들과의 관계에서 직장에서 그리고 자신과의 약속에서 적당한 균형을 유지해야 한다는 점을 깨달았다.

그 후로 문철은 열정을 조금씩 조절하는 법을 배우기 시작했다. 직장에서는 팀원들의 의견을 먼저 듣고 모두가 공감할 수 있는 목표를 세우려고 노력했다. 주말 모임에서는 친구들의 페이스에 맞춰 함께 쉬고 소소한 시간을 즐겼다. 업무에서도 모든 것을 혼자 하려 하기보다는 도움을 요청하고 자신의 한계를 인정했다.

문철은 여전히 열정적인 사람이었다. 그러나 이제 그는 자신의 열정이 주변 사람들을 지치게 하거나 자신을 소진시키는 것이 아니라 모두와 함께 성장하고 즐길 수 있는 에너지가 되도록 사용하고 있었다. 그는 깨달았다. 진정한 열정은 넘치는 불꽃이 아니라 오래도록 따뜻함을 유지하는 온기라는 것을. 그의 삶은 이제 비로소 균형을 찾아가기 시작했다.

열정과잉형 인간 대처법

열정을 적정 수준으로 유지하기 위해서는 이를 조율하고 균형 있게 관리하는 것이 중요하다. "당신의 열정이 정말 대단해요. 하지만 조금 속도를 조절하면 더 오래 지속할 수 있을 거예요"와 같이 열정을 인정하면서도 과도함을 경계하도록 조언할 수 있다.

타인의 속도와 페이스를 존중하며 "모두가 당신만큼 열정을 가지긴 어려울 수 있어요. 각자의 속도도 존중해 주세요"라고 말해 주변 사람들의 다양성을 이해하도록 돕는 것이 필요하다.

열정이 소진되지 않도록 휴식과 재충전의 중요성을 강조하는 것도 중요하다. "지금 정말 열심히 하고 계세요. 하지만 가끔은 잠시 쉬면서 에너지를 채우는 것도 필요해요"와 같이 휴식의 가치를 상기시키면 지속 가능한 열정을 유지하는 데 도움이 된다.

이와 함께 목표 설정이 지나치게 높지 않도록 현실적이고 달성 가능한 단계를 제안하는 것이 효과적이다. "이 목표는 충분히 도전적이에요. 조금 더 구체적인 단계를 나눠 보면 어떨까요?"라는 접근은 실행 가능성을 높이고 스트레스를 줄이는 데 기여한다.

또한 결과뿐만 아니라 과정의 중요성을 인식시키는 것도 필요하다. "결과도 중요하지만 지금까지의 과정도 이미 훌륭한 성과예요"라는 말로 과정에서의 의미와 성취감을 느낄 수 있도록 유도할 수 있다.

마지막으로 팀워크와 협력의 가치를 강조하며 개인의 열정이 팀과 함께 더 큰 성과를 낼 수 있음을 인식시키는 것이 중요하다. "모두가 함께 힘을 합치는 게 더 큰 성과로 이어질 거예요"라고 전함으로써 개인의 열정을 팀 전체의 성공으로 연결할 수 있으며 이러한 접근은 열정이 긍정적인 방식으로 발현되도록 돕는 데 효과적이다.

열정과잉형 인간은 강한 동기와 추진력으로 자신과 주변에 긍정적인 에너지를 불어넣는 중요한 역할을 하지만 과도한 열정은 피로와 갈등을 초래할 수 있다. 이들과 함께할 때는 열정과 현실의 균형을 유지하도록 돕고 타인과 협력하며 장기적인 지속 가능성을 고려하도록 유도하는 것이 중요하다. 열정은 강점이지만 지속 가능성과 조화를 통해 더욱 빛을 발휘한다.

제3장

자기만의 세상에 사는 사람들
오직 자신만을 중심에 두는 인간들의 이면

•• #05 자기만족형 인간

타인의 의견에 무관심한 사람

　자기만족형 인간은 외부의 평가나 타인의 의견에 크게 의존하지 않고 스스로 설정한 기준에 따라 자신의 삶을 살아가는 유형이다. 이들은 외부의 칭찬이나 비판에 민감하지 않으며 자기 자신에게 만족하며 큰 변화를 추구하지 않는 경우가 많다. 그러나 이로 인해 때로는 타인과 소통하거나 협력하는 데 소홀해질 수 있고 이러한 태도는 타인의 기대를 무시하는 듯한 태도로 보일 수도 있다.

　자기만족형 인간의 주요 특징으로는 외부 인정보다는 내면적 만족을 중시하며 자신만의 기준에 따라 행동하는 경향이 있다. 변화나 도전에 소극적이며 타인의 감정이나 기대에 무관심해 보이는 태도를 보인다. 또 자신감이 높고 비판에 둔감한 모습을 보인다.

　이들의 긍정적인 면으로는 외부 평가에 흔들리지 않고 스스로의 가치를 확신하며 안정적인 태도를 유지하는 내적 안정감이 있다. 독립적이고 자율적으로 자신의 길을 가며 타인의 기대에 휘둘리지 않는 모습을 보이며 비판이나 외부 압박에 민감하지 않아 스트레스 관리가 우수하다.

　자신의 결정에 대해 책임감을 갖고 본인의 판단에 따라 행동하는 자기 주도적 태도와 스스로 세운 기준을 꾸준히 따르고 한결같은 모습을 보이는 꾸준함과 신념도 이들의 강점이다. 그러나 단점도 존재한다. 다른 사람의 감정을 헤아리거나 이해하는 데 소홀해질 수 있는 타인과의 공감 부족과 스스로 만족하기 때문에 새로운 도전이나 개선을 꺼려하는 변화에 대한 저항이 문제로 작용할 수 있다. 또한 타인의 의견이나 협력을 필요로 하지 않아 집단 내 소통 부족을 초래할 가능성이 있으며 자신이 옳다고 믿는 것을 지나치게 고집하고 타인에게 비협조적으로 비칠 수 있는 자기중심적 태도도 단점이다. 외부 피드백에 관심이 없어 발전의 기회를 놓칠 가능성이 있는 성장의 정체 가능성도 이들의 문제점 중 하나다.

자기만족형 인간은 자신의 내적 만족을 유지하면서도 타인의 기대와 피드백을 적절히 수용하는 균형 잡힌 태도가 필요하다. 이를 통해 자신과 주변 사람들 모두에게 긍정적인 영향을 미치는 건강한 사회적 관계를 형성할 수 있을 것이다.

자기만족에 갇힌 삶의 후유증

은수는 언제나 자신의 삶에 만족해했다. "나만 좋으면 됐지"라는 말이 그의 인생 철학이었다. 일을 하면서도 친구들과의 관계에서도 그는 항상 자신이 설정한 기준에 스스로 만족하며 더 나아가려는 의지는 보이지 않았다. 하지만 그런 태도는 주변 사람들과의 관계를 점점 삐걱거리게 만들었다.

은수는 회사에서 나름 열심히 일했다. 하지만 그 열정은 어디까지나 자신의 기준에 맞춰진 것이었다. 그는 매번 영업 미팅을 끝낼 때마다 "이 정도면 충분히 잘했어"라며 스스로를 칭찬했고 다른 동료들의 피드백이나 상사의 의견에는 큰 관심을 두지 않았다.

회의 시간에 팀원들이 개선점을 이야기할 때도 은수는 한발 물러서 있었다.

"굳이 그렇게까지 할 필요가 있을까요? 지금도 충분히 괜찮잖아요."

그의 무관심한 태도는 점차 팀원들에게 불만으로 다가왔다. 동료들은 그를 능력없는 한심한 사람으로 보기 시작했고 중요한 정보를 공유하는 자리에는 그를 따로 부르지 않았다.

은수는 나중에야 알았지만 이런 상황에도 크게 신경 쓰지 않았다. 오히려 자신을 향한 비판적인 시선을 무시하며 스스로를 합리화했다.

"내가 알아서 내 일을 잘하고 있는데 왜 자꾸 간섭하려고 하지?"

직장에서의 태도는 그의 인간관계에서도 그대로 드러났다. 은수는 친구들과의 모임에서도 자신의 이야기에만 집중했다. 최근 모임에서 한 친구가 말했다.

"은수야, 요즘 회사에서 정말 힘들다. 너라면 어떻게 하겠니?"

은수는 잠시 생각하는 듯하더니 대수롭지 않게 말했다.

"그냥 너 알아서 해. 어차피 안 바뀌어. 결국 다 지나가잖아."

그의 무성의한듯한 대답에 친구는 실망한 표정을 지었지만 은수는 이를 알아채지 못했다. 그는 "내가 굳이 남의 일에 깊게 관여할 필요가 있을까?"라는 생각을 가지고 있었기 때문이다. 그렇게 친구들과의 대화는 점점 단조로워졌고 친구들은 더 이상 은수에게 고민을 털어놓지 않았다.

퇴근 후 은수는 자신의 취미 생활에 몰두했다. 요즘엔 비디오 게임에 푹 빠져 있었다. 그는 회사에서의 평가나 승진에는 전혀 관심이 없었고 시간 외에는 오로지 자신이 좋아하는 일에만 집중했다.

"회사 일도, 평가도 결국 지나가는 건데 굳이 스트레스받으며 열심히 해야 할 필요가 있나? 월급도 조금 주는데…"

그는 이렇게 생각하며 동료들이 밤늦게까지 일을 하거나 자기발전을 위해 새로운 것을 열심히 배우는 동안 자신의 개인 시간을 즐겼다. 그의 태도에 동료들은 점점 불만을 느꼈다.

"은수 걔는 원래 그래.", "월급 루팡이 따로 없지" 그러나 은수는 동료들의 뒷말과 승진 누락에도 "나만 잘 살면 그만이지"라는 그의 철학은 흔들리지 않았다.

은수의 삶은 겉으로 보기엔 평온해 보였다. 그는 자신만의 기준에서 만족을 느꼈고, 남들보다 스트레스를 적게 받았다. 그러나 그의 무관심은 점차 주변 사람들과의 관계를 약화시켰다.

직장에서는 동료들과의 소통이 부족했고 친구들과의 관계는 서서히 멀어졌다. 은수는 점차 고립되어 갔지만 그 고립조차도 자신이 선택한 것이라고 생각하며 비디오 게임기만 있으면 친구들도 다 필요 없다며 문제를 직시하지 않았다.

어느 날, 은수는 동료들이 자신을 빼놓고 회식을 했다는 사실을 알게 되었다. 그는 평소처럼 무관심하려 했지만, 이번엔 어딘가 찜찜했다.

"왜 나한테 얘기 안 했지? 나 곧 잘리나?"

이후 그는 자주 만났었던 친구들과의 모임에서도 자신이 초대받지 못한 사실을 알게 되었다. 그제야 은수는 자신이 지금껏 얼마나 주변 사람들에게 무심했는지 깨닫기 시작했다. 그는 처음으로 자신의 태도를 돌아보았다.

사람을 읽는 기술

자기만족형 인간 대처법

자기만족형 인간과 효과적으로 소통하려면 그들의 내면적 기준을 존중하며 대화하는 것이 중요하다. 이들을 비난하기보다는 그들의 관점을 인정하고 접근하며 "당신이 세운 기준은 존중합니다. 하지만 이 방법도 한 번 고려해 보시면 좋을 것 같아요"와 같은 방식으로 대화를 이어 가는 것이 효과적이다. 이들에게 변화와 도전을 권할 때는 급격한 변화를 요구하기보다 기존 방식을 유지하면서도 새로운 시도를 할 수 있도록 부드럽게 제안하는 것이 필요하다.

예를 들어 "이 부분은 지금 방식대로 하고, 여기에 새로운 방식을 한번 시도해 보는 건 어떨까요?"와 같은 제안은 부담을 줄이면서도 변화를 시도할 동기를 제공하고 타인과의 협력의 중요성을 강조하며 "다른 팀원의 의견을 반영하면 프로젝트가 더 성공적일 겁니다"라는 방식으로 협력의 가치를 설득하는 것도 필요하다.

또한 긍정적인 자극을 제공하여 현재 상태에 만족하는 것뿐만 아니라 새로운 목표와 도전을 통해 더 큰 만족감을 얻을 수 있음을 강조해야 한다. "이 정도로도 충분히 잘하고 있지만 이 방향으로 발전한다면 더 큰 성과를 낼 수 있을 거예요"라는 말로 도전 의식을 고취시킬 수 있다.

마지막으로 공감 능력을 키울 수 있도록 타인의 감정과 입장을 이해하는 것이 관계를 더욱 강화할 수 있음을 알려 주는 것도 중요하다. "다른 사람이 느끼는 감정을 조금만 더 신경 쓰면 당신의 아이디어가 훨씬 더 효과적으로 전달될 거예요"와 같은 조언은 이들이 더 좋은 관계를 형성하고 발전하는 데 도움을 줄 수 있으며 이런 접근은 자기만족형 인간이 더욱 유연하고 성장 지향적인 태도를 가질 수 있도록 돕는 데 효과적이다.

　자기만족형 인간은 내적 안정과 독립성을 통해 관계를 단순화하고 불필요한 갈등을 줄이는 긍정적인 영향을 준다. 그러나 이들의 과도한 자기중심적 태도는 협력과 성장을 방해할 수 있다. 함께 생활할 때는 그들의 내적 기준을 존중하되 변화와 협력의 필요성을 부드럽게 설득하며 타인과의 공감 능력을 높이도록 돕는 것이 중요하다.

•• #06 완벽주의형 인간

모든 일을 완벽하게 해내려는 강박적인 성향을 지니며 높은 기준과 세부 사항에 집착하는 사람

완벽주의형 인간은 높은 성취욕과 이상적인 결과를 추구하며 자신과 주변에 과도한 기준을 설정하는 경향이 있다. 이들은 작은 실수도 용납하지 않으며 실패에 대한 두려움으로 인해 과도한 시간과 노력을 쏟는다. 완벽주의는 때로는 높은 성과를 가져오기도 하지만 지나치면 스트레스와 인간관계의 갈등을 초래할 수 있다.

완벽주의형 인간의 주요 특징으로는 스스로와 타인에게 매우 높은 기대를 부여하며 작은 실수에도 강한 스트레스와 자책감을 느끼는 실수에 대한 두려움이 있다. 작업의 디테일에 집착하며 과도한 시간과 노력을 투입하고 자신이 설정한 기준에 미치지 못할 경우 강한 좌절감을 경험하는 자기비판적 태도를 보인다. 또 자신의 완벽주의를 타인에게도 강요하며 갈등을 일으킬 수 있다.

이들의 긍정적인 면으로는 뛰어난 결과물을 만들어 내고 높은 수준의 성과를 유지하는 높은 성취와 품질이 있다. 디테일에 집중하며 철저한 계획과 실행력을 보이는 철저한 준비와 계획, 맡은 일에 대해 끝까지 책임지며 최선을 다하려는 책임감과 헌신도 강점이다.

잠재적인 오류나 문제를 미리 파악하고 해결하는 문제 예측 능력과 더 나은 자신이 되기 위해 지속적으로 노력하는 끊임없는 자기계발도 이들의 장점이다. 그러나 단점으로는 완벽을 추구하는 과정에서 스스로 과도한 압박감을 느끼는 지나친 스트레스와 사소한 디테일에 집착해 작업 속도가 느려지는 비효율성 증가가 있다.

자신의 높은 기준을 타인에게 강요하며 불편함을 줄 가능성이 있는 타인과의 갈등, 실패나 기준 미달 상황에서 강한 좌절감과 불안을 경험하는 좌절감과 불안도 문제로 작용한다. 또 계획에 얽매여 변화에 유연하게 대처하지 못하는 융통성 부족도 단점 중 하나다.

완벽주의형 인간은 자신의 높은 기준을 긍정적으로 활용하면서도 유연성과 융통성을 키우는 노력이 필요하다. 이를 통해 자신의 강점을 극대화하고 주변 사람들과의 조화를 이루며 건강한 관계를 형성할 수 있을 것이다.

과도한 완벽의 틀로 균형을 잃은 삶

오순은 모든 일을 완벽하게 해내야 직성이 풀리는 사람이었다. 그의 삶을 관통하는 철칙은 "대충 하느니 차라리 하지 않는 게 낫다"라는 것이었다. 하지만 그 완벽주의는 칭찬보다 문제를 더 많이 불러왔다. 그의 집착은 주변 사람들에게 스트레스와 피로를 안겨 주었고, 정작 그는 자신마저 그 무게에 짓눌리고 있었다.

회사에서 오순은 특히나 철저했다. 작은 실수라도 용납하지 못하는 성격은 업무 전반에 영향을 미쳤다. 그는 단순히 자신의 일만 꼼꼼히 하는 데 그치지 않고, 동료들의 업무에도 일일이 참견하며 기준을 제시했다.

"여기 그래프 선 두께가 조금 다른데요. 이걸 통일해야 할 것 같아요."

"이 워딩은 더 매끄럽게 다듬어야 할 것 같아요. 다시 고쳐 주세요."

처음에는 동료들도 그의 철저함을 긍정적으로 보았다. "오순과 함께 하면 결과물이 완벽할 거야." 하지만 그 긍정적인 평가도 오래가지 못했다. 시간이 지나자 오순의 지나친 디테일 집착이 오히려 불편함을 낳았다.

"보는 사람들이 괜찮다고 했는데 왜 굳이 계속 수정하래?"

"이건 내 담당인데 왜 본인이 이렇게 해야 한다고 강요하지?"

예상대로 미팅은 오순의 까다로운 기준 때문에 자꾸 길어졌고, 동료들의 사기는 눈에 띄게 떨어졌다. 결국 상사마저 그를 주의시켰다. "오순님, 완벽도 중요하지만 팀워크와 스케줄 관리도 잊지 마세요. 우리가 함께하는 팀이라는 걸 고려해 주세요." 그 말에도 오순은 쉽게 받아들이지 못했다. 속으로 그는 생각했다.

"그들의 능력 부족인가? 왜 내 생각을 이해하지 못하는 거지?"

오순의 완벽주의는 직장뿐만 아니라 인간관계에서도 문제를 일으켰다. 친구들과의 모임을 주최하면서도 그는 모든 세부 사항을 자신의 손으로 통제하려 했다.

"이런 모임에는 이런 장소가 어울려. 메뉴도 내가 알아볼게. 다들 동의하지?"

만약 친구들이 조금이라도 다른 의견을 내면, 그는 곧바로 반박하고 수정하려 들었다.

"그건 이래서 별로야. 내 아이디어가 더 나아."

결국 모임 당일, 음식도 장소도 완벽했지만 친구들의 표정은 어딘가 불편했다. 표면적으로는 웃음을 지으려 했지만, 그들 사이에는 냉랭한 긴장감이 감돌았다. 결국 한 친구가 참다못해 말했다.

"오순아, 네가 너무 완벽하게 하려다 보니 우리까지 긴장돼. 실수할까 봐 조마조마해서 편히 즐길 수가 없어."

그 말을 들은 오순은 당황했지만 속으로는 여전히 자신의 노력을 평가받지 못한 것에 불만을 품었다.

"이 모든 걸 다 잘 준비하려고 얼마나 애썼는데, 왜 고마워하지 않는 거지?"

그날 이후 친구들과의 모임은 더 이상 이어지지 않았고, 10년 가까운 우정은 점점 사라져 갔다. 가정에서도 오순의 완벽주의는 멈추지 않았다. 그는 집안일마저도 "완벽히" 해야 한다고 믿었다.

"설거지를 이렇게 하면 얼룩이 남아. 내가 보여 줄게."

"청소를 대충 했네. 구석까지 깨끗하게 해야지. 여기 봐봐, 먼지가 남아 있잖아."

그의 끊임없는 지적에 가족들은 점점 소극적으로 변했다. 혹여나 그의 기대에 미치지 못할까 두려워 누구도 집안일에 나서려 하지 않았다. 결국 집안일은 오순 혼자 맡게 되었다. 그는 이를 가족들의 문제로 여겼다.

"왜 나만 이렇게 열심히 해야 하지? 다들 나처럼 제대로 하지 않으니까 매번 내가 다 해야 해."

가족들은 그의 과도한 요구에 지쳐갔고, 집안 분위기는 점점 차갑게 식어 갔고 오순의 완벽주의는 그를 고립시켰다. 직장에서는 동료들과의 관계가 틀어졌고, 친구들과의 모임에서는 불편함만 남았다. 가정에서도 그의 강박적인 태도는 가족들과의 거리를 벌렸다. 그럼에도 오순은 여전히 문제의 원인을 자신에게서 찾지 않았다.

"다들 너무 한심하군. 왜 이런 것도 제대로 못하지?"

그러던 어느 날, 오순은 무리하게 진행한 거래처 일로 큰 실수를 범했다. 그의 고집으로 인해 주요 미팅 일정이 틀어졌고 거래처와의 협력도 실패로 돌아갔다. 상사는 다시 그를 불렀다.

"오순 님, 완벽하려고 애쓰는 것도 좋지만, 중요한 건 팀원들과 협력하고 일정을 지키는 겁니다. 너무 혼자 짊어지지 마세요."

그제야 오순은 깨닫기 시작했다. 그는 완벽함을 쫓는 동안 중요한 것을 잃고 있었다. 과정의 즐거움, 주변 사람들과의 협력, 그리고 관계에서 오는 따뜻함.

오순은 천천히 자신의 고집을 내려놓는 법을 배워 가야 했다.

완벽주의형 인간 대처법

완벽주의 경향을 가진 사람들에게는 충분히 좋은 기준을 설정하도록 유도하는 것이 중요하다. 높은 기준을 고수하기보다 실질적인 목표를 세우고 이를 충족했을 때 만족할 수 있도록 "이 정도면 충분히 훌륭한 결과예요. 더 이상 고치지 않아도 괜찮을 것 같아요"와 같은 격려가 효과적이다. 이들에게 우선순위를 정하도록 돕는 것이 필요하며 "이 부분은 핵심적인 요소니까 집중하시고 나머지는 팀원들에게 맡겨 보세요"와 같은 조언으로 중요한 일에 에너지를 집중하도록 지원하는 것도 좋은 방법이다.

실수의 가치를 이해시키는 것도 중요한 접근이다. 실수를 성장의 기회로 인식하도록 돕고 실패에 대한 두려움을 줄이는 데 초점을 맞춘다. 예를 들어 "작은 실수는 괜찮아요. 오히려 이런 경험이 더 나은 결과를 만드는 데 도움이 될 거예요"라는 말은 긍정적인 태도를 이끌어 낼 수 있다. 긍정적인 피드백을 제공하며 그들의 노력과 성과를 인정하는 것도 필요하다. "이 정도면 정말 훌륭한 결과물이에요. 당신의 노력 덕분이에요"와 같은 말을 통해 스스로를 긍정적으로 평가하도록 도울 수 있다.

이들이 타인에 대한 기대를 조율하고 자신만의 기준을 타인에게 강요하지 않도록 조언하는 것도 중요하다. "팀원들이 각자 방식으로 일할 수 있도록 조금 더 신뢰해 보시는 건 어떨까요?"라는 말로 타인의 성향과 능력을 존중하도록 유도할 수 있다. 마지막으로 작은 성공에도 만족할 수 있도록 격려하며 작은 성과에 대한 자부심을 느끼도록 지원하는 것이 필요하다. 이러한 접근은 완벽주의 경향을 가진 사람들이 보다 유연하고 현실적인 목표를 추구하며 자신과 주변 환경에 긍정적인 태도를 유지하는데 도움이 될 수 있다.

완벽주의형 인간은 높은 성취 욕구와 디테일한 접근으로 뛰어난 결과를 만들어 낼 수 있지만 지나친 집착은 스트레스와 관계의 갈등을 초래할수 있다. 이들과 함께 생활하거나 일할 때는 완벽 대신 실질적인 성과와 효율성에 집중하도록 유도하고 작은 실수와 불완전함을 성장의 기회로 받아들이는 마인드셋을 제공하는 것이 중요하다. 완벽이 아니라 발전을 추구하는 것이 진정한 성취로 가는 길임을 깨닫게 하는 것이 핵심이다.

•• #07 답정너형(이미 답을 정해놓고 묻는) 인간

이미 정해진 답을 기대하며 대화하거나 의견을 묻는 척하지만 자신의 생각을 강요하려는 성향을 가진 사람

답정너형 인간은 타인에게 질문을 하거나 의견을 구하는 듯하지만 실제로는 이미 자신이 원하는 답을 정해 놓고 그 답을 상대방에게 유도하려는 태도를 보인다. 이러한 대화 방식은 상대방에게 피로감을 줄 수 있으며 진정한 소통이 아닌 일방적인 강요로 느껴질 때가 많다.

답정너형 인간의 주요 특징으로는 대화를 시작하기 전부터 원하는 결론이 명확하며 자신의 답을 미리 정해 놓는 경향이 있다. 자신이 기대한 답과 다르면 불쾌감을 드러내거나 무시하며 상대방이 자신의 답을 따르도록 유도하거나 강요하는 설득과 강요의 태도를 보인다. 원하는 답을 얻지 못하면 실망하거나 불만을 표현하며 동의하면 칭찬하고 반대하면 비판하는 이분법적 태도를 통해 상대방을 압박하기도 한다.

이들의 긍정적인 면으로는 원하는 답을 이미 설정해 놓았기 때문에 의사결정 과정이 빠르고 대화와 행동에서 분명한 목적과 방향성을 지니는 결정력과 방향성이 있다. 자신의 의견에 대한 확신이 강해 주저하지 않고 주장을 펼치는 자기 확신과 대화나 의사결정을 주도적으로 이끌어 가는 주도적 태도도 강점이다. 필요 없는 논의를 줄이고 결과 중심적으로 대화하는 효율성도 이들의 장점이다.

그러나 단점도 명확하다. 상대방의 의견을 진지하게 듣지 않아 대화의 진정성을 잃는 소통의 왜곡과 자신이 원하는 답만 강요받아 상대방이 피곤함을 느끼는 타인의 피로감 유발이 문제로 작용할 수 있다. 다른 의견을 받아들이지 못해 갈등과 대립을 초래할 가능성이 있는 갈등 증가와 상호작용보다 일방적인 강요로 관계가 악화될 위험도 있다. 또 다양한 의견을 수용하지 않아 새로운 아이디어나 성장을 방해하는 성장의 기회 제한도 단점 중 하나다.

답정너형 인간은 자신의 결론을 상대방에게 강요하기보다는 다양한 의견을 수용하려는 태도를 기르는 노력이 필요하다. 이를 통해 더 깊이 있는 소통과 협력을 이루고 건강한 인간관계를 형성할 수 있을 것이다.

리더의 독선, 무너진 관계의 초석

오 팀장은 언제나 주도적이고 능력 있는 사람으로 보이고 싶었다. 그는 자신이 내놓는 의견이 가장 합리적이고 옳다고 믿었고 주변 사람들에게도 그 의견을 강요했다. 그러나 그의 "답정너" 태도는 직장에서, 인간관계에서 그리고 가정에서 점점 더 많은 갈등을 일으키기 시작했다. 오 팀장은 팀장으로서 팀원들의 의견을 존중하고 인정받는 리더가 되고 싶었다. 회의 시간, 그는 항상 말했다.

"자, 이번 프로젝트에 대해 여러분의 아이디어를 듣고 싶습니다."

하지만 팀원들이 다른 방향의 아이디어를 제시하면 그는 고개를 저으며 이렇게 말했다.

사람을 읽는 기술

"그건 아닌 것 같아요. 제가 말한 방향이 더 효과적일 겁니다. 그 이유는…"

결국 회의는 오 팀장이 처음부터 정해 둔 결론으로 마무리되곤 했다. 처음에는 팀원들도 그를 믿고 따랐지만 시간이 지나면서 팀원들의 태도는 점점 달라졌다.

"굳이 우리가 의견을 낼 필요가 있나? 어차피 팀장이 정한 대로 할 텐데."

동료들은 점점 침묵을 지키거나 팀장의 의견에 좋은 생각인 것 같다고 마지못해 동의하기 시작했고 회의는 항상 형식적인 절차로 진행됐다. 하지만 오 팀장은 이를 알아채지 못했다. 그는 스스로를 이렇게 생각했다.

'내가 이미 정해놓은 프레임이 다 있으니 나만 따라오면 너희들은 잘될 거야. 나 같은 사람을 팀장으로 만난 걸 행운으로 생각해.'

퇴근 후, 오 팀장은 친구들과 술자리에 참석했다. 그는 기다린 듯이 본인의 업무에 대해 늘어놓기 시작하며 친구에게 물었다.

"어때? 내가 한 이야기 들어 보니까 비전이 보이지? 팀장들이 다 나 같으면 회사는 이미 더 커졌을 거야."

친구가 조금 망설이며 말했다.

"음… 팀원들 힘들겠다 오 팀장아."

오 팀장은 즉시 표정을 굳히며 말했다.

"네가 뭘 알겠냐 장사나 하는 놈이. 회사에서 다른 팀장들 나 따라오려면 한참 멀었다."

친구는 더 이상 대꾸하지 않았고 둘은 빠른 속도로 소주만 나눠 마시며 어색한 침묵만이 흘렀다. 그날 이후, 친구들은 오 팀장과 함께 술자리의 2차, 3차를 가거나 업무에 대해 이야기하기를 꺼리기 시작했다. 오 팀장은 그 이유를 이해하지 못했다.

"내가 괜히 팀장이 된 게 아닌데 내가 자기들한테 도움이 되는 이야기를 해 줘도 고마워 할 줄 모르네. 내가 자기들한테 잘못한 게 있나?"

주말이 되자 오 팀장은 가족들과 여행을 계획했다. 그는 가족들에게 말했다.

"이번 주말에 뭐 하고 싶어?"

가족 중 한 사람이 지역에 작은 축제에 가고 싶다고 이야기를 꺼내자 그는 단호히 말했다.

"거긴 별로야. 내가 예전에 가봤거든. 볼 것도 없어 고생만 하지. 그냥 캠핑이나 가자."

가족들은 그의 완강한 태도에 더 이상 의견을 내지 않았다. 항상 이런 식으로 흘러왔기 때문이다. 결국 가족끼리의 여행은 늘 오 팀장이 정한 장소로 가는 것으로 마무리되었고 모두가 만족하지 못하는 여행이 되곤 했다. 그 또한 의무감에 가는 것일 뿐인데…

"아빠는 우리 의견을 묻는 척하지만, 결국 아빠 생각만 밀어붙여."

아이들은 속으로 이런 불만을 품었지만 오 팀장은 여전히 자신의 선택이 모두를 위한 최선이라고 믿었고 나 같은 아버지는 없다고 생각했다. 오 팀장의 답정너 태도는 그의 삶 전반에 걸쳐 문제를 일으키고 있었다. 직장에서는 동료들의 사기를 꺾었고 친구들과의 관계는 다투는 일이 잦아졌으며 가족들과의 대화는 형식적인 절차로 변했다. 그러나 오 팀장은 이 모든 상황의 원인이 자신의 태도에 있다는 것을 깨닫지 못했다.

"내가 항상 옳은 선택만을 하고 있는데 왜 모두가 나를 인정하지 않는 거지?"

그는 주변 사람들을 이해하려 하기보다는 그들이 자신을 이해하지 못한다고 생각했다. 어느 날, 오 팀장은 팀원이 슬며시 건넨 말을 듣고 충격을 받았다.

"팀장님, 저희 의견을 더 진지하게 들어주셨으면 좋겠습니다. 어차피 답이 정해져 있다면 우리가 아이디어를 내는 의미가 없잖아요."

그 말은 오 팀장을 깊은 생각에 빠뜨렸다. 그는 과거의 회의와 대화를 떠올리며 자신이 얼마나 다른 사람들의 의견을 존중하지 않았는지 깨닫기 시작했다. 그는 자신이 상대방의 말을 듣는 척만 했을 뿐 실질적으로는 자신의 생각을 강요했다는 사실을 처음으로 인정하면서도 다른 한편으로는 내가 팀장이기 때문에 모두가 나의 의견을 따라야 한다고 생각했다.

답정너형 인간 대처법

답정너(이미 답을 정해놓고 묻는) 태도를 보이는 사람과 대화할 때는 상대의 질문이 진정성을 가지고 있는지 확인하는 것이 중요하다. 만약 이미 정해진 답이 있다면 이를 부드럽게 지적하며 "혹시 이미 정하신 게 있으시면 그대로 하셔도 괜찮을 것 같아요"라고 말해 대화를 효율적으로 진행할 수 있다.

동시에 자신의 의견을 적극적으로 제시하며 다양성을 유지하는 것도 필요하다. "좋은 생각이지만 제 의견은 조금 다릅니다. 이 방향도 한번 고려해 주셨으면 해요"라는 말은 상대방의 의견을 존중하면서도 다른 관점을 제안할 수 있는 좋은 방법이다.

정해진 답 외의 의견이 가진 장점을 부각시켜 상대의 고정관념을 완화하는 것도 유용하다. "당신이 말씀하신 것도 좋지만 이 방법에는 이런 장점이 있어요"라고 설명함으로써 새로운 가능성을 제시할 수 있다. 대화의 목적을 강요나 설득이 아닌 상호 이해로 전환하며 "결정을 위해서 다양한 의견을 함께 논의해 보는 건 어떨까요?"라는 접근은 보다 건설적인 대화를 이끌어 낼 수 있다.

만약 상대가 이미 답을 정했다면 이를 인정하고 결정 책임을 상대에게 넘기는 것도 한 방법이다. "이미 마음을 정하신 것 같으니 그대로 진행하시는 게 좋을 것 같아요"라는 말은 상대방의 결정을 존중하며 논의의 부담을 줄여 준다.

마지막으로 유연한 태도를 권장하며 다른 가능성도 열어둘 수 있도록 부드럽게 조언해야 한다. "이 방향도 괜찮지만 다른 사람들의 의견을 듣는 것도 좋은 선택일 것 같아요"와 같은 표현은 상대방이 보다 열린 마음으로 대화를 이어 가게 하며 이러한 접근은 답정너 태도를 지닌 사람과의 대화에서 불필요한 갈등을 줄이고 보다 협력적이고 생산적인 결과를 도출하는 데 도움이 될 수 있다.

답정너형 인간은 명확한 목표와 강한 자기 확신을 통해 의사결정을 빠르게 이끌 수 있지만 대화의 진정성과 상호 소통을 희생할 위험이 있다. 이들과 함께 생활하거나 일할 때는 다양한 의견을 수용하는 태도의 중요성을 강조하고 상호작용을 통해 새로운 시각과 가능성을 발견할 수 있음을 인식시키는 것이 핵심이다. 정해진 답이 아닌 더 나은 답을 찾아가는 과정에서 성장할 수 있도록 유도하는 대화가 필요하다.

•• #08 계산적 인간

모든 행동과 관계를 손익 관점에서 판단하고 자신은 절대로 손해를 안 보려는 사람

계산적 인간은 감정보다 이성적이고 실리적인 판단을 우선시하고 타인과의 관계나 상황에서도 철저히 자신의 이익과 손실을 계산한다. 이들은 의사결정에서 감정적 연결보다 효율성과 결과를 중시하며 자신이 투자한 시간과 노력이 반드시 보상받기를 기대한다. 이러한 성향은 때로는 실용적일 수 있지만 관계의 진정성과 깊이를 희생할 수 있다.

계산적 인간의 주요 특징으로는 모든 행동이 자신에게 얼마나 이익이 되는지에 따라 결정되는 철저한 손익 분석과 감정적 유대보다 실리적 이득을 중요하게 여기는 경향이 있다. 인간관계를 자신의 목표 달성 도구로 삼으려는 타인 활용 경향과 자신이 투자한 만큼 반드시 돌려받기를 기대하는 투자와 보상의 균형 강조도 나타난다. 불필요한 감정적 요소를 배제해 결과 중심적으로 행동하며 의사결정 속도가 빠른 것도 특징이다.

이들의 긍정적인 면으로는 복잡한 상황에서도 빠르게 손익을 분석하고 실용적인 결정을 내리는 효율적이고 논리적인 태도와 실질적이고 구체적인 목표를 설정하고 이를 달성하기 위한 전략을 구사하는 현실적 문제 해결 능력이 있다. 불필요한 낭비를 줄이고 자원을 최적화하려는 시간과 자원 관리와 명확한 목표를 설정하고 이를 달성하기 위해 집중적으로 노력하는 목표 지향적 행동 그리고 잠재적인 손실을 빠르게 파악하고 이를 최소화하려는 리스크 관리 능력도 이들의 강점이다.

그러나 단점도 존재한다. 관계의 진정성과 깊이가 부족하며 타인이 이용당한다고 느낄 수 있는 인간관계의 피상성과 지나치게 실리적인 태도로 인해 신뢰를 잃을 가능성이 있는 타인의 불신 초래가 있다.

단기적인 이익에 집착해 장기적인 관계나 성장을 희생하는 장기적 손익 간과와 타인의 감정이나 공감을 중요하게 여기지 않아 갈등을 발생시키는 감정적 소통 부족도 문제로 작용한다. 또한 자신에게 이득이 없으면 협력이나 지원을 꺼리는 상호 의존의 어려움도 단점 중 하나다.

계산적 인간은 자신의 실리적 태도를 긍정적으로 활용하면서도 타인의 감정과 신뢰를 고려하는 노력이 필요하다. 이를 통해 균형 잡힌 판단과 관계를 유지하며 더 건강한 인간관계를 형성할 수 있을 것이다.

삶의 방정식, 관계를 균열내다

종호는 항상 이득을 따지는 사람이었다. 직장에서든 인간관계에서든 심지어 가족과의 관계에서도 그는 자신에게 돌아오는 이익만을 철저히 계산하며 행동했다. "세상은 공평하지 않다. 부자가 되려면 뭐든지 해야지 손해 보는 사람은 미련해."라는 그의 신념은 삶의 모든 선택에 깊이 배어 있었다. 하지만 그런 태도는 주변 사람들과의 관계를 점점 삐걱거리게 만들고 있었다.

종호는 회사에서 나름 성실하고 책임감 있는 직원으로 평가받고 있었다. 하지만 그의 진짜 모습은 조금 달랐다. 그는 자신의 노력보다 인센티브를 많이 받을 수 있는 일에만 열정적이었다.

"이 거래처는 담당하면 대박나겠는데? 내가 담당해서 인센티브를 많이 받아야겠어!"

그러나 큰 이득이 없어 보이거나 팀 전체의 노력이 필요한 일은 항상 다른 동료들에게 넘겼다.

"지금 하고 있는 거래처 일도 바쁜데 제가 감당할 상황이 아니에요… 제 중요 거래처 고객이 매일 찾아서 시간이 부족합니다."

처음에는 그를 괜찮게 생각하던 동료들도 점차 불만을 가지기 시작했다.

"종호는 자기 손해 보는 일은 절대 안 하려 하잖아. 좋은 거래처만 가져가고 꺼리는 거래처는 죽어도 안 한데. 우리한테 떠넘겨. 재수 없어."

그의 계산적인 태도는 팀워크를 저하시키고, 동료들 사이에 신뢰를 잃게 만들었다. 하지만 종호는 이를 크게 신경 쓰지 않았다.

"팀워크도 결국 각자 자기 몫을 잘해야 성과를 내는 거 아닌가? 어차피 인센티브만 받으면 상관없지."

종호는 친구들과의 모임에서도 늘 손익을 따졌다. 한번은 종호의 제안으로 그의 집에서 모임을 주최했을 때 그는 음식을 준비하고 집을 제공한 것에 대해 이렇게 말했다.

"내가 이번에 집 제공하고 음식도 준비했으니까 너네들이 돈을 조금씩 더 보태서 줘."

친구들은 종호의 말에 본인이 희생해서 할 것처럼 진행하더니 장소 제공 비용까지 받으려 하는 모습에 피로감을 느꼈지만 분위기를 깨기도 그렇고 종호가 조금 더 고생했으니 그냥 주자는 생각으로 좋게 받아들이려 아무 말도 하지 않았다. 모임이 끝난 뒤 한 친구가 말했다.

"비용을 분담하는 건 당연한데 장소 제공 비용을 파티룸 기준으로 하고 엄마 김치를 비용 분담하는 건 좀 아니지 않냐? 솔직히 준비하면서 얼마가 들어간지도 모르겠어. 항상 뭘 얼마나 했는지 따지잖아."

종호는 친구들의 이런 반응에 전혀 개의치 않았다.

"밖에서 먹으면 돈 더 많이 나오는데 좋은 음식 싸게 먹혔잖아~ 좋게 좋게 생각하자~"

종호의 계산적인 태도는 가족과의 관계에서도 예외가 아니었다. 가족 행사가 있을 때마다 그는 늘 물었다.

"꼭 참석해야 하는 행사예요? 거기까지 왕복 교통비가 얼만데 기름값도…"

결혼식이나 생일 같은 중요한 행사에도 그는 철저하게 식대를 계산하여 축의하고 생일 때 선물도 무조건 싸고 비싸 보이는 걸로 준비했다.

"어차피 시간 지나면 몰라~ 사람 많아서 돈 몇 만 원 더 쓴다고 티도 안 난다."

그의 이런 태도에 주변인들은 점점 실망감을 느꼈다. 그는 자신의 방식이 정당하다고 믿었지만 아무도 그와 진심으로 교류하려 하지 않았다. 단기적인 손익의 계산으로 인해 장기적인 모든 이득을 놓치고 있었다.

계산적 인간 대처법

계산적 인간과의 관계에서는 감정적 연결을 강조하며 대화를 이끌어나가는 것이 중요하다. 관계의 진정성과 감정적 유대가 장기적인 신뢰를 형성하는 데 필수적임을 설명하며 "단기적으로는 이득이 없어 보여도 서로 신뢰가 쌓이면 더 큰 기회를 만들 수 있을 거예요"라는 식으로 설득할 수 있다. 또한 단기적인 손익보다 장기적인 이익을 강조하며 미래의 가치를 고려하도록 유도해야 한다. "지금은 이익이 작더라도 장기적으로 보면 큰 도움이 될 거예요"라는 말은 더 큰 그림을 보게 하는 데 효과적이다.

공감과 소통의 필요성을 설명하며 인간관계에서 감정적 연결이 협력과 상호 발전에 얼마나 중요한지 이야기하는 것도 필요하다. "이건 단순한 손익 계산이 아니라 서로를 이해하는 과정이에요"라는 표현은 감정적 소통의 중요성을 자연스럽게 전달할 수 있다. 상호 이익의 중요성을 강조하며 자신만의 이익이 아니라 상대방의 이익도 고려하는 균형 잡힌 태도를 제안해야 한다. "당신이 얻는 만큼 상대방도 만족할 수 있는 방식으로 접근하면 더 좋은 결과를 얻을 수 있어요"라는 조언은 공정한 협력을 촉진한다.

공동의 목표를 설정해 개인의 이익을 넘어선 협력의 필요성을 인식시키는 것도 효과적이다. "우리 모두가 목표를 달성하려면 각자의 기여가 필요해요"라는 말은 협력의 가치를 일깨워줄 수 있다. 마지막으로 지나치게 계산적인 행동이 관계에 미치는 부정적 영향을 부드럽게 지적하며 피드백을 제공하는 것이 중요하다. "당신의 전략은 정말 훌륭하지만 때로는 상대방의 감정을 고려하면 더 큰 신뢰를 얻을 수 있어요"라는 말은 계산적 인간이 관계를 보다 긍정적이고 신뢰를 기반으로 접근하도록 돕는 데 유용하다.

이러한 접근은 계산적 인간과의 관계를 보다 건강하고 장기적인 방향으로 발전시키는 데 도움이 될 수 있다. 계산적 인간은 효율적이고 논리적인 태도로 빠르고 실질적인 결과를 낼 수 있지만 지나친 손익 중심의 사고는 관계의 진정성을 해칠 수 있다.

이들과 함께 일하거나 생활할 때는 감정적 유대와 장기적 관계의 중요성을 강조하고 상호 이익을 고려하는 균형 잡힌 태도를 형성하도록 돕는 것이 핵심이다. 손익 계산이 아닌 신뢰와 공감이 더 큰 성과를 가져올 수 있음을 깨닫게 해야 한다.

사람을 읽는 기술

•• #09 지적욕구형 인간

지식을 탐구하고 이를 통해 자신의 가치를 증명하려는 욕구가 강한 사람

지적욕구형 인간은 새로운 지식과 정보를 얻고 이를 활용하는 데 강한 열망을 가진 사람이다. 이들은 학습과 지적 탐구를 통해 자존감을 느끼며 자신의 지식을 타인에게 인정받고자 한다. 이들은 대화를 통해 자신의 지식을 드러내거나 타인을 가르치고 싶어 하는 경향이 있다. 그러나 지나친 지적 욕구는 과시로 비칠 수 있고 타인과의 관계에서 우월감을 드러내는 태도로 오해를 살 수도 있다.

지적욕구형 인간의 주요 특징으로는 새로운 지식과 정보를 탐구하는 것을 즐기는 배움에 대한 끝없는 열정과 대화에서 자신의 지식을 과시하거나 설명하려는 지식을 드러내려는 경향이 있다. 감정보다 논리와 데이터 기반의 의사결정을 선호하며 지식을 통해 자신의 정체성을 확립하려는 태도가 두드러진다. 또한, 자신의 지식과 견해를 전파하려는 타인에게 가르치려는 성향도 보인다.

이들의 긍정적인 면으로는 정보를 활용해 논리적이고 체계적인 접근으로 문제를 해결하는 문제 해결 능력과 끊임없이 배우고 자신을 발전시키며 새로운 지식에 열려 있는 학습과 성장 지향이 있다. 지식을 활용해 새로운 아이디어와 관점을 제시하는 창의적이고 혁신적인 사고와 지식을 바탕으로 설득력 있는 주장을 펼쳐 리더 역할을 수행하는 리더십 발휘도 강점이다. 폭넓은 지식으로 대화에서 다양한 주제를 다루며 다방면에 대한 이해도를 보이는 점도 이들의 장점이다.

그러나 단점도 존재한다. 자신의 지식을 과시하려는 태도로 타인에게 불편함을 줄 수 있는 지적 우월감과 논리와 이성을 중시하다 보니 타인의 감정에 둔감한 경우가 많은 감정적 공감 부족이 있다.

자신의 지식과 관점을 지나치게 확신하며 타인의 의견을 무시하거나 평가절하하는 타인 의견 경시와 자신의 이야기를 중심으로 대화를 이끌어 가며 상대의 의견을 경청하지 않는 대화 독점도 문제로 작용할 수 있다. 또 모든 정보를 철저히 이해하고자 하며 이에 따라 결정을 미루거나 불안감을 느끼는 완벽주의 성향도 단점 중 하나다.

지적욕구형 인간은 자신의 지식과 열정을 긍정적으로 활용하면서도 타인의 감정과 의견을 존중하려는 노력이 필요하다. 이를 통해 더 깊이 있는 소통과 협력을 이루고 타인과의 관계에서도 신뢰를 쌓아갈 수 있을 것이다.

논리로 쌓은 벽, 고립된 초상

석영은 학창 시절 항상 상위권의 성적의 우수한 학생이었지만 만년 2등에 머물러야 했다. 석영보다 공부를 잘했던 친구가 있었기 때문이다. 석영은 친구들과의 사이에서도 눈에 띄는 학생은 아니었다. 그러다 가끔씩 석영이 의견을 내면 석영의 말이나 행동이 무시되기 일쑤였고 석영은 혼히 이야기하는 존재감도 힘도 없는 범생이었다.

성인이 된 석영은 직장에서 고 학력과 끊임없는 자기개발로 늘 중심에 서는 인물이었다. 그는 빠른 두뇌 회전과 업무 분석 능력으로 동료들 사이에서 인정받는 존재였다. 회의 시간만 되면 그의 존재감은 더욱 빛이 났다.

"자은 님의 이 논문의 해석은 잘못된 것 같아요. 제가 해석한 바에 의하면…"

그는 말을 멈추지 않았다. 누구보다 많이 알고 있다는 것을 증명하기 위해 상세한 설명을 덧붙였고 때로는 동료들의 의견을 무시하기도 했다. 동료들은 그의 뛰어난 두뇌와 지식은 인정했지만 회의가 끝나고 나면 불만이 터져 나왔다.

"석영 차장은 너무 자기 이야기만 해. 의견을 말하려고 해도 뭐 말만 하면 아닌 것 같다고 하니까…"

석영은 동료들의 이런 불만을 알지 못했다. 아니, 알고 싶지도 않았다. 어차피 내 일은 내가 하는 거니까.

석영의 논리 중심 태도는 인간관계에서도 변하지 않았다. 친구들과의 대화에서도 그는 자신이 옳음을 증명하는 데 열을 올렸다.

"그건 말이 안 되잖아. 논리적으로 생각해 봐. 네가 말하는 상황은 앞뒤가 전혀 맞지 않아."

친구들이 감정적으로 토로하던 이야기조차 그의 논리적인 분석 아래 한없이 차갑게 느껴졌다.

"석영아, 너의 말이 맞는 건 알겠는데… 가끔은 그냥 내 고민을 들어줬으면 좋겠어."

하지만 석영은 그 말을 곧바로 반박했다.

"감정적으로 접근하면 해결이 안 돼. 그래서 너에게 도움이 되는 게 뭔데? 논리적으로 봐야 문제를 해결할 수 있어."

그 순간, 대화의 온도는 차갑게 식었다. 친구들은 점점 그의 논리 과잉 태도에 지쳐갔고 모임의 친구들조차 석영과의 대화에 어려움을 느끼고 석영과의 거리를 두기 시작했다. 그 앞에 서면 내가 항상 무언가 부족하거나 잘못하고 있다고 느끼기 때문이다. 그는 늘 새로운 것을 배우고 탐구하는 데 시간을 쏟았다. 주말이면 강의를 듣거나 책을 읽으며 새로운 지식을 습득하는 데 몰두했다.

"이번엔 이걸 배워볼까? 누구도 내 말에 이견을 못 달게 새로운 커리어를 만들어 놓겠어."

그는 지식을 쌓는 데서 만족감을 느꼈지만, 정작 주변 사람들과의 시간을 내는 데는 소홀했다. 가족들도 종종 그에게 불만을 털어놓았다. 특히 부모님조차 그에게 말했다.

"석영아, 네가 배우고 이뤄낸 것들은 정말 대단하지만 가족과 함께 즐거운 시간을 보내며 이야기 나눌 때마다 너는 가벼운 이야기도 옳고 그름을 따지니까 너무 힘들다…"

석영은 이를 받아들이기가 쉽지 않았다.

"다 우리 가족 잘 되자고 하는 말인데…"

그러나 그의 성장은 외로움이라는 대가를 요구하고 있었다. 가족들은 그와 대화할 때마다 점점 더 답답함을 느꼈다. 석영의 삶은 대단해 보였지만 그는 점점 사회에서 고립되어 갔다. 직장에서는 동료들과의 협력보다는 혼자 모든 것을 주도하려 했고 내가 제일 뛰어남을 입증하려 하였으

사람을 읽는 기술

며 동료들의 의견을 쉽게 받아들이거나 인정하지 않았다. 인간관계에서
는 공감 대신 논리를 강요하며 관계의 벽을 쌓았다.

가족과 그의 친한 친구들은 그의 곁에 있지만 관계는 점차 얇아지고 있
었다. 그는 때때로 고독을 느끼면서도 사람과의 관계를 갈구하는 사람들
을 보면 한심했다.

'내가 더 똑똑해지면, 결국 사람들도 나를 인정하고 따라올 거야.'

그의 지적 욕구는 점점 더 강렬해졌고 그는 지식이라는 탑의 꼭대기에
올라섰지만 그곳에는 아무도 함께하지 않았다.

지적욕구형 인간 대처법

지적욕구형 인간과 소통할 때는 공감과 감정적 소통을 유도하는 것이
중요하다. 논리와 지식뿐만 아니라 타인의 감정을 이해하고 공감하는 대
화를 강조하며 "그건 좋은 정보인데 이 상황에서 상대방의 감정은 어떻게
생각하세요?"와 같은 질문으로 감정적 관점을 도입할 수 있다. 동시에 그
들의 지식을 긍정적으로 활용하도록 격려하며 "그 부분에 대해 잘 아시니
팀원들에게 설명해 주시면 큰 도움이 될 것 같아요"와 같은 표현으로 협
력적인 태도를 강화할 수 있다.

타인의 의견을 존중하도록 유도하는 것도 중요하다. "당신의 의견도 중
요하지만 다른 분들은 어떻게 생각하시는지 들어 보는 건 어떨까요?"라는
말로 다양한 관점을 경청하는 습관을 형성할 수 있다. 또한 지식을 단순
히 과시하는 데 그치지 않고 실질적으로 적용할 수 있도록 방향을 제시해
야 하며 "이런 정보는 실제로 어떻게 적용할 수 있을까요? 구체적인 예를

들어 보면 좋겠어요"와 같은 제안은 지식의 활용도를 높이는 데 도움을
준다.

팀의 공동 성과를 중시하며 개인의 지식이 팀의 성공에 기여하도록 사
고를 전환시키는 것도 필요하다. "이 아이디어를 팀 전체의 목표에 맞게
조율하면 더 큰 성과를 낼 수 있을 것 같아요"라는 말은 협력의 가치를 깨
닫게 한다. 마지막으로 지적 욕구와 인간관계의 균형을 유도하며 "당신의
지식은 대단해요. 그런데 그걸 함께 나누며 관계를 쌓는 것도 중요하겠
죠?"라는 말을 통해 관계의 중요성을 인식시키는 것이 필요하다.

이러한 접근은 지적욕구형 인간이 자신의 지식을 긍정적이고 협력적으
로 활용하며 인간관계에서도 의미 있는 연결을 형성하도록 돕는 데 효과
적이다.

지적욕구형 인간은 학습과 탐구를 통해 발전을 추구하며 조직과 관계
에서 혁신적이고 긍정적인 영향을 미칠 수 있다. 그러나 지나친 지적 과
시는 관계의 피로감을 유발할 수 있으므로 이들과 함께할 때는 지식과 공
감을 균형 있게 활용하도록 돕는 것이 중요하다.

그들의 열정을 인정하면서도 타인과 협력하며 감정을 이해하는 능력을
강화하도록 유도하는 것이 핵심이다. 지식은 개인의 성취를 넘어 함께 성
장할 수 있는 도구로 활용될 때 진정한 가치를 발휘한다.

제4장

갈등을 부르는 불편한 사람들
비판과 불화를 즐기는 인간들의 진짜 속내

•• #10 비판형 인간

모든 상황을 의심하고 문제점을 찾아내는 데 탁월하지만 때로는 부정적 시각으로 갈등을 유발한다

비판형 인간은 어떤 상황이나 행동에서도 문제점과 개선점을 먼저 찾는 경향이 있다. 이들은 분석적 사고와 논리적 접근을 통해 정확성을 중시하며 항상 더 나은 방법을 고민한다. 그러나 이들의 지나친 비판은 때로는 다른 사람들에게 부정적으로 받아들여질 수 있으며 주변 관계에 갈등을 초래할 수 있다.

비판형 인간의 주요 특징으로는 모든 상황에서 문제점을 지적하는 경향과 논리적이고 분석적인 사고를 선호하는 점이 있다. 긍정적인 측면보다는 부정적인 면을 먼저 보고 상대의 실수를 지적하는 데 주저하지 않으며 완벽주의적인 태도로 스스로에 대한 기준도 높게 설정하는 모습을 보인다.

이들의 긍정적인 면으로는 상황의 약점을 빠르게 찾아내고 대안을 제시하는 데 강점이 있는 문제 해결 능력과 일에 대한 완벽주의적 태도로 높은 수준의 결과물을 추구하는 높은 기준과 품질이 있다. 감정보다는 데이터와 논리를 바탕으로 행동하는 분석적 사고와 잘못된 점을 감추지 않고 솔직하게 말하는 책임감과 직설적 태도도 강점이다. 또 감정에 휘둘리지 않고 상황을 객관적으로 판단하는 객관적인 관점도 이들의 장점이다.

그러나 단점도 존재한다. 솔직한 비판이 상대방에게 과도한 부담이나 스트레스를 줄 수 있는 타인에게 상처를 줄 수 있음과 비판적인 태도가 지속되면 주변 사람들이 그들을 피하거나 불편함을 느끼게 되는 관계 악화 가능성이 있다.

지나치게 높은 기준이 스스로와 주변 사람들에게 스트레스를 유발하는 과도한 완벽주의와 긍정적인 측면보다 부정적인 면을 강조해 동기 부여를 떨어뜨릴 수 있는 부정적 분위기 조성도 문제로 작용할 수 있다. 논쟁을 즐기거나 의견 차이를 쉽게 극복하지 못해 의견 충돌 빈도가 높아지는 점도 단점 중 하나다.

비판형 인간은 자신의 비판적 성향을 긍정적으로 활용하면서도 타인의 감정과 입장을 이해하려는 노력이 필요하다. 이를 통해 주변 사람들과의 관계를 개선하고 더욱 생산적이고 협력적인 대화를 이루어 낼 수 있을 것이다.

옳고 그름의 잣대, 잃어버린 신뢰

웅진은 언제나 정확하고 옳은 것을 추구하는 사람이었다. 그는 잘못된 것을 바로잡는 것이 자신과 주변 사람들을 위한 일이라고 믿었다. 하지만 그의 비판적인 태도는 점점 사람들과의 관계를 무겁고 삭막하게 만들고 있었다. 일상에서 시종일관 그의 비판은 끝없이 이어졌다. 웅진은 회의가 시작되면 언제나 동료들의 발표를 날카롭게 분석했다.

"그 계획은 너무 추상적이지 않나요?"

"그 그래프는 그렇게 쓰는 게 아니라… 제대로 예측한 게 맞나요?"

처음에는 그의 날카로운 지적이 회의의 완성도를 높이는 데 도움이 되는 것처럼 보였다. 하지만 시간이 지날수록 동료들은 그의 비판적인 태도에 피로감을 느끼기 시작했다.

"웅진 님은 왜 항상 비판만 하지? 대안을 제시하는 것도 아니고…"

회의 중 동료들은 점점 의견을 내거나 웅진의 질문에 답하기를 꺼렸고 웅진은 자신이 옳았다는 확신을 더 강하게 가지게 되었다.

'저런 생각을 갖고 도대체 어떻게 회사에 들어온 거야??'

그러나 그는 동료들과의 신뢰가 점점 사라지고 있다는 것을 깨닫지 못했다. 웅진의 비판적 태도는 친구들과의 대화에서도 변하지 않았다. 친구가 일상적인 고민이나 기삿거리에 대한 가벼운 이야기조차도 웅진은 그냥 넘어가는 날이 없었다. 항상 웅진은 그 말속에서 논리적 오류를 찾아내곤 했다.

"그건 그렇게 생각할 게 아니야. 논리적으로 맞지 않아. 다시 생각해 봐."

어느 날, 웅진의 여자친구가 직장 내 갈등에 대해 털어놓았다.

"내 팀장이 나한테 너무 많은 일을 맡겨. 진짜 힘들어서 그만두고 싶다…"

웅진은 공감하기는커녕 말했다.

"그건 네가 평소에 다른 사람보다 더 열심히 해서 그런 거 아니야? 그러니 팀장이 그렇게 너에게만 일을 주겠지."

웅진의 여자친구는 잠시 말을 멈추더니 화제를 돌렸다. 웅진은 이를 이해하지 못하고 말을 꺼냈다.

"나에게 물어봐서 내가 정확한 문제를 짚어 줬는데, 왜 화제를 돌려?"

웅진의 여자친구는 웅진에게 자신의 아무 이야기를 하지 않게 되었고 대화는 피상적으로 변해 갔다. 웅진은 그 이유를 몰랐다. 웅진의 비판은 집에서도 멈추지 않았다. 그의 동생은 사소한 일에서도 웅진의 지적을 받았다.

"정리를 이렇게 하면 공간이 효율적이지 못하잖아! 다음부턴 제대로 해."

"라면에 물은 몇 ml를 넣은 거야? 너는 이게 한강이지 라면이냐?"

동생은 처음에는 웅진의 지적을 고치려 노력했지만 시간이 지날수록 점점 지쳐갔다. "형은 내가 뭘 해도 불만이 있겠지. 이제는 뭐든 형이 알아서 해!"

그의 비판은 집안 분위기를 차갑게 만들었고 동생과의 대화는 단절이 되었다. 민수는 속으로 이렇게 생각했다.

'내가 틀린 말을 한 것도 아닌데 다들 왜 이렇게 화를 내는 거야?'

어느 날, 웅진은 직장에서 팀원들이 그가 나타나면 조용해지는 이상한 기운을 느꼈다. 그는 머쓱한 듯 웃으며 사람들에게 물었다.

"왜 제가 오니까 갑자기 조용해져요?"

그중 그나마 웅진과 가까운 직원 한 명이 농담 식으로 조심스럽게 말을 꺼냈다.

"웅진 님이 너무 비판적이어서 사람들이 웅진 님이 무섭대요. 웅진 님 앞에서 실수하면 바로 나오는 지적에 다들 상처받고 있어요."

그 말은 웅진에게 큰 충격이었다. 그는 자신이 동료를 위해 더 신경 써서 최선을 다했다고 믿었지만 그 결과는 정반대였다.

비판형 인간 대처법

비판적 성향의 사람들과 효과적으로 소통하려면 비판의 긍정적 측면을 강조하며 접근하는 것이 중요하다. 이들에게 비판의 부정적인 결과를 지적하기보다는 "당신의 의견은 정확하지만 조금 더 부드럽게 전달하면 사람들이 더 잘 받아들일 것 같아요"라는 방식으로 비판의 전달 방식을 개선할 수 있도록 이야기 해 준다. 또한 균형 잡힌 피드백을 요청하며 부정적인 면뿐만 아니라 긍정적인 점도 함께 이야기하도록 유도해야 한다. "이 아이디어의 좋은 점은 뭐라고 생각하세요?"라는 질문은 대화를 보다 긍정적인 방향으로 이끌 수 있다.

비판적인 태도에 대해 감정적으로 반응하지 않고 논리적으로 대응하는 것도 중요하다. "좋은 지적이에요. 그런데 이 방향도 한 번 생각해 볼 수 있지 않을까요?"와 같은 말은 상대방의 비판을 인정하면서도 대안을 제시하는 대화로 전환할 수 있다. 더 나아가 비판에 대해 단순한 지적에 그치지 않고 구체적인 대안이나 해결책을 제시하도록 격려하며 "그 부분을 개선하려면 어떤 방법이 좋을까요?"와 같은 질문으로 생산적인 논의를 유도할 수 있다.

필요 이상으로 비판적 태도를 보일 때는 적절히 경계를 설정하며 "그 점도 중요하지만 조금 더 긍정적인 관점으로 접근하면 더 좋을 것 같아요"라는 말로 상대방의 태도를 부드럽게 조정할 수 있다. 마지막으로 타인의 감정에 대한 인식을 강화하며 비판적인 태도가 상대방에게 미칠 수 있는 영향을 상기시키는 것이 필요하다. "그 비판이 옳긴 하지만 그 말이 상대방에게 상처가 될 수도 있어요"라는 조언은 상대방이 자신의 표현 방식을 돌아보게 하는 계기를 제공할 수 있다.

이러한 접근은 비판적 성향의 사람이 보다 균형 잡힌 시각과 태도로 의견을 제시하며 건설적인 대화를 이어 가도록 돕는 데 효과적이다. 비판적 인간은 문제 해결 능력과 분석적 사고를 통해 조직과 관계에 긍정적인 영향을 미칠 수 있다. 그러나 지나친 비판과 완벽주의는 주변 사람들에게 상처와 부담을 줄 수 있다.

함께 생활할 때는 그들의 비판적 사고를 존중하되 긍정적인 관점과 부드러운 소통 방식을 유도하는 것이 중요하다. 비판이 단순한 지적에서 끝나지 않고 해결책과 발전으로 이어지도록 돕는 것이 핵심이다.

•• #11 냉소적 인간

모든 상황과 사람을 의심하며 부정적이고 비판적인 태도로 대화와 행동을 하는 사람

냉소적 인간은 타인의 의도나 상황의 긍정적인 면을 믿지 않으며 항상 비판적이고 회의적인 시각으로 접근한다. 이들은 종종 사회적 규범이나 성공에 대한 가치에 회의를 느끼며 주변 사람들의 동기와 행동을 부정적으로 해석한다. 이러한 태도는 자신을 보호하려는 방어 기제로 작동하지만 주변 사람들에게 부정적인 영향을 미칠 수 있다.

냉소적 인간의 주요 특징으로는 상황의 긍정적인 면보다 부정적인 면을 강조하며 항상 부정적 시각을 유지하는 경향이 있다. 사람들의 의도와 동기를 의심하며 진정성을 믿지 않는 타인에 대한 불신과 성공, 규범, 도덕 등 사회적 가치를 비웃거나 무의미하다고 여기는 사회적 가치 폄하가 두드러진다. 사람들과 친밀한 관계를 맺기보다 냉소적 태도로 거리를 유지하며 문제점을 지적하며 칭찬이나 공감을 자주 표현하지 않는 비판적 대화 방식을 보인다.

이들의 긍정적인 면으로는 상황의 결점과 위험 요소를 날카롭게 파악하고 문제점 빠르게 인식하며 지나치게 긍정적인 분위기에서 현실적인 균형을 맞추는 객관적 시각 제공이 있다. 상황에 대해 냉정하고 이성적인 태도를 유지하는 감정에 휘둘리지 않음과 단순히 받아들이지 않고 항상 깊이 분석하고 의심하는 성향인 비판적 사고 능력도 강점이다. 또 낙관적인 기대에 매몰되지 않고 현실적 준비를 돕는 리스크 관리 능력도 이들의 장점이다.

그러나 단점도 존재한다. 부정적 태도로 인해 깊은 신뢰와 친밀한 관계를 맺기 어려운 관계에서 거리감 형성과 항상 비판적이고 부정적인 태도로 주변 사람들에게 피로감을 주는 분위기 침체 유발이 문제로 작용할 수 있다. 모든 것을 의심하고 회의적으로 바라보는 태도로 새로운 시도를 꺼리는 성장의 기회 제한과 타인과 상황을 신뢰하지 않아 스스로를 고립시키는 경향인 자기 방어 기제 과잉도 단점 중 하나다. 협력보다는 결점 지적에 초점을 맞춰 갈등을 유발하며 팀워크를 저하시키는 문제도 있다.

냉소적 인간은 자신의 비판적 태도를 긍정적인 방향으로 전환하고 타인과 상황에 대한 신뢰를 키우려는 노력이 필요하다. 이를 통해 주변 사람들과 더 나은 관계를 형성하고 긍정적이고 생산적인 변화를 이끌어 낼 수 있을 것이다.

회색빛 신념

현준은 항상 사람들의 행동 뒤에는 반드시 숨겨진 의도가 있을 것이라고 믿었고 세상 모든 일이 결국 겉치레에 불과하다고 여겼다. 그는 자신만의 벽 속에서 고립되어 살아가고 있었다. 현준은 회사에서 그와 같은 부서가 아닌 다른 부서의 사람들의 이미지는 다정해 보이거나 배려심 있어 보였지만 그와 함께 일하는 동료들은 종종 그와의 관계에서 어려움을 느꼈다. 그의 냉소적인 태도 때문이었다.

동료들이 열정적으로 아이디어나 의견을 제시하면 그는 언제나 차갑고 낮은 목소리로 말했다.

"그 아이디어는 너무 이상적이야. 이런 걸로 시간 낭비하지 맙시다. 핵심에 집중하죠."

특히, 신입 직원들이 자신감 넘치게 의견을 낼 때면 그는 겉으로는 아무 의견을 내지 않았지만 속으로 비웃었다.

'저렇게 열정적인 척해 봐야 오래 못 가지. 신입 때는 다들 잘 보이려고 그렇지.'

어느 날, 신입 직원 중 한 명이 그에게 다가와 살갑게 말했다.

"차장님, 제가 이 부분에서 도움을 드리고 싶은데 괜찮을까요?"

현준은 잠시 미소 지으며 괜찮다고 했지만 속으로는 이렇게 생각했다.

'나한테 잘 보이려는 거겠지. 가식적이군. 시간이 지나면 본색을 드러낼 거야.'

그의 이런 태도는 점차 다른 부서의 동료들에게도 느껴지기 시작했다. 팀원들은 그의 냉소적인 모습에 지쳐갔고 조금이라도 그의 곁에 머물기가 힘들었다.

하지만 현준은 이 상황을 크게 신경 쓰지 않았다.

'너네들이 나를 어떻게 생각하든 결국 내 능력만 있으면 되는 거 아니야?'

현준의 냉소는 사회의 모든 인간관계에서도 이어졌다.

그는 항상 사람과의 대화에서도 감정을 배제하고 부정적인 시각으로 접근했다. 친구들이 자신의 성취를 이야기할 때면 그는 겉으로는 축하하는 척했지만 속으로는 이렇게 생각했다.

'운이 좋았겠지. 저 녀석도 허세가 있군.'

어느 날, 한 친구가 최근 승진한 소식을 들려줬다.

"현준아 나 팀장으로 승진했다! 그동안 회사 생활이 정말 힘들었는데 이번엔 진짜 좋은 결과 얻었다!"

현준은 차가운 무 표정으로 대답했다.

"그래 축하해. 근데 윗사람들한테 어떻게 아부를 했길래 너를 팀장으로 승진시켜 줬대?"

그 말을 들은 친구는 잠시 당황한 듯 말을 멈추더니 멋쩍은 웃음과 함께 "그러게 말이야 운이 좋았네"라고 말하고는 다른 대화로 주제를 돌렸다. 다른 친구들도 재훈의 이런 태도에 점점 지쳐갔다. 그들은 속으로 생각했다.

"현준이 쟤 원래 안 그랬는데 어쩌다가 저렇게 돼 버렸대?…" 동창 모임에서도 현준은 점점 초대받지 못하게 되었다. 하지만 그는 이를 전혀 개의치 않았다.

"내가 굳이 그들과 어울리지 않아도 돼. 관계란 시계의 톱니바퀴처럼 맞물리다 가도 멀어지는 거니까… 어차피 일시적인 거니까."

현준은 직장에서 진행되는 각종 행사나 조직 활동에도 무관심했다. 오히려 이런 활동을 비판적으로 바라보았다.

어느 날, 회사에서 팀워크를 강화하기 위한 워크숍이 열렸다. 모두가 적극적으로 참여하는 가운데 현준은 눈에 잘 띄지 않는 구석에 조용히 앉아 있었다. 누군가 그에게 물었다.

"현준 님 왜 그렇게 기분이 다운되어 있어요? 무슨 안 좋은 일 있으세요? 같이 재미있게 참여해 봐요!"

그는 짧게 대답했다.

"이런 거 한다고 회사가 좋아질까요? 그냥 보여주기식일 뿐이죠."

그의 태도는 동료들에게 불편함을 주었다. 사람들은 점차 현준과의 대화를 피하기 시작했고 현준은 이를 전혀 신경 쓰지 않았다.

"이런 워크샵 한다고 뭘 바꿀 수 있겠어? 그냥 다들 마지못해 열심히 하는 척하는 거지."

현준의 삶은 점점 고립되어 갔다. 이 모든 상황을 받아들이며 스스로를 위로했다.

'혼자 있는 게 더 낫지. 적어도 사람들의 가식에 시달릴 필요는 없잖아.'

냉소적 인간 대처법

냉소적인 태도를 보이는 사람들과 효과적으로 소통하려면 그들의 시각을 부정하지 않고 긍정적인 면을 함께 제시하는 것이 중요하다. "그렇게 볼 수도 있겠지만 이 아이디어로 이런 긍정적인 결과를 기대할 수도 있어요"와 같은 표현은 균형 잡힌 시각을 유도하고 대화를 건설적으로 이끌 수 있다. 또한 비판을 구체적인 해결책으로 전환하도록 격려하며 "문제를 느끼셨다면 어떤 방향으로 개선하면 좋을까요?"라는 질문은 단순한 부정에서 벗어나 생산적인 논의를 가능하게 한다.

냉소적 태도의 근본 원인이 불신일 가능성이 크므로 꾸준한 공감과 신뢰를 쌓는 것도 중요하다. "그렇게 느끼실 수도 있겠네요. 하지만 함께 노력하면 다른 결과를 만들 수 있지 않을까요?"라는 말은 상대의 감정을 존중하며 신뢰를 형성하는 데 효과적이다. 작은 성공 경험을 제공하여 긍

사람을 읽는 기술

정적인 시각의 가치를 체험하게 하는 것도 좋은 접근법이다. "이전에는 조금 회의적이셨지만 이번에 이 방법이 효과를 본 것 같아요. 한 번 더 시도해 보면 어떨까요?"라는 말은 긍정적인 변화에 대한 동기를 부여할 수 있다.

팀워크와 협력의 중요성을 강조하며 비판보다는 상호 발전을 위한 태도를 제안하는 것도 필요하다. "팀원들이 함께 노력하면 더 좋은 결과를 얻을 수 있어요. 같이 의견을 맞춰보는 건 어떨까요?"라는 제안은 협력의 가치를 일깨우는 데 도움을 준다.

마지막으로 냉소적인 시각을 무시하기보다 문제를 예리하게 파악하는 강점으로 활용할 수 있도록 유도해야 한다. "당신이 지적한 부분이 정말 중요해요. 이걸 더 나은 방법으로 바꿔보면 좋겠네요"라는 말은 냉소적 태도가 가진 긍정적인 가능성을 적극적으로 활용할 기회를 제공한다. 이러한 접근은 냉소적인 태도를 보다 건설적으로 전환하고 협력적인 분위기를 조성하는 데 효과적이다.

냉소적 인간은 부정적이고 비판적인 태도로 주변에 부정적인 영향을 줄 수 있지만 그들의 날카로운 시각은 문제 해결과 리스크 관리에서 중요한 자산이 될 수 있다.

이들과 함께할 때는 냉소를 무조건 반박하지 않고 이를 건설적이고 긍정적인 방향으로 전환하는 것이 중요하다. 냉소적 태도를 신뢰와 협력으로 보완하면 관계와 성과 모두를 향상시킬 수 있다.

•• #12 갈등유발형 인간

사실 여부를 떠나 소문과 과장을 이용해 갈등을 유발하며 주변 관계를 혼란스럽게 만드는 사람

갈등유발형 인간은 타인 간의 관계에 소문이나 과장된 이야기를 퍼뜨리며 불화를 조장한다. 이들은 주로 자신의 이익을 위해 갈등을 부추기거나 상황을 조종하려는 의도로 행동한다. 때로는 자신의 불안이나 질투에서 비롯되기도 하며 타인 사이의 신뢰를 무너뜨려 자신이 우위를 점하려는 경향이 있다.

이들의 주요 특징으로는 확인되지 않은 사실이나 과장된 이야기를 퍼뜨려 혼란을 조성하고 작은 문제를 크게 부풀리거나 상황을 의도적으로 왜곡하며 타인 간의 관계를 갈라 놓으려는 의도로 부정적인 말을 전달하기도 한다. 또한 자신이 우위를 점하기 위해 사람들 간의 불화를 조장하기도 하고 갈등의 원인이 자신임을 숨기거나 책임을 부정하기도 한다.

이들의 행동에서 얻을 수 있는 최소한의 유용성은 의도치 않게 숨겨진 긴장과 문제를 드러낼 수 있고 갈등 상황을 빠르게 감지하고 이를 활용하려는 민감한 관찰력 그리고 부정적 방식이지만 대화를 통해 갈등을 해결할 기회를 제공하기도 하며 조직 내 문제를 간접적으로 드러낼 수도 있다.

사람을 읽는 기술

이들의 단점은 소문과 갈등을 조장해 주변 사람들의 신뢰를 잃고 타인 간의 관계를 악화하며 협력과 화합을 방해하고 조직이나 그룹 내에 부정적인 분위기를 만들고 조직 내 문제가 드러나도 자신이 관여 했음을 부정하여 문제를 키우기도 한다.

불안의 거울 속에 그려진 위태로운 중심

애진은 평범한 사람처럼 보였지만 어렸을 적 안 좋은 경험으로 인한 피해의식이 생겨나며 점점 그 정도는 심해지기 시작했다. 공사장에서 일용직으로 일하시는 아버지와 장애가 있는 어머니를 둔 그녀는 낡은 주택 구석에 있는 작은 쪽방에 그녀의 가족이 살고 있었다.

그녀는 어려운 형편에 어렸을 적부터 친구들에게 놀림을 많이 받으며 무시당하기 일쑤였다. 애진은 이런 형편을 극복하고 긍정적인 사고를 하기보단 남들이 잘 살고 잘 지내는 모습이 너무 싫었다. 꼭 세상에서 나만 제일 힘들고 불공평하다는 생각이 그녀의 생각을 삼켜 버렸다.

그녀는 유치원 시절부터 성인이 된 지금 순간까지 항상 말 한마디로 주변 사람들 사이에 불화를 일으키곤 했다. 사람들 사이를 오가며 확인되지 않은 흔히 지라시라 불리는 소문을 전하거나 관계를 의도치 않게 어긋나게 만드는 행동은 그녀가 어딜 가든 작은 균열을 일으켰다. 그녀의 말은 종종 진실보다는 과장과 오해로 가득 차 있었고 그 결과 주변의 관계들을 사소한 것부터 흔들기 시작했다.

애진은 자신이 속한 모든 그룹에서 정보를 주고받는 중심이 되는 것이 자신이 영향력이 있는 사람처럼 돋보이게 할 거라 믿었다. 회사 점심시간, 그녀는 조용히 동료에게 다가갔다.

"들었어? 팀장님이 너를 요즘 탐탁지 않게 생각하고 있다고. 너에 대한 좋지 않은 말씀을 팀장 미팅에서 이야기하셨다는데, 본사에 소문이 돌고 있나 봐."

그 동료는 놀란 얼굴로 물었다.

"정말이야? 왜 그런 말씀을 하셨지? 나에게 직접 말씀해 주시면 오해가 없으실 텐데…?"

애진은 어깨를 으쓱하며 말했다.

"나도 정확히는 모르겠어. 그냥 들은 얘기야. 팀장님이 너의 업무 스타일이 본인과 맞지 않다고 생각하시나 봐."

이 말은 순식간에 팀뿐만 아니라 사업부 내에서 퍼졌고, 동료들 사이에 불신이 생기기 시작했다. 팀원들은 서로를 경계하며 경쟁하기 시작했고 팀워크는 점점 좋지 않은 방향으로 흘러갔다. 그러나 애진은 자신의 말이 어떤 결과를 초래했는지 신경 쓰지 않았다. 그녀는 그냥 자신이 마음에 안 드는 이야기를 팀장님이 한 것처럼 이야기해서 본인의 말에 힘을 싣고 싶었을 뿐이었다.

애진의 행동은 친구들 사이에서도 이어졌다. 친구 A와 B는 오래된 친구였지만 최근 애진의 말로 인해 관계가 어색해지고 있었다. 어느 날, 애진은 A에게 다가갔다.

"야, 그거 알아? B가 요즘 너 이야기하고 다닌다던데?"

A는 놀라며 물었다. "왜? 내 이야기를 할 게 뭐가 있지? 나 그제도 A랑 연락했었는데…"

애진은 신중한 척하며 말했다.

"내가 구체적으로 얘기하긴 좀 그렇지만 내 생각에는 네가 요즘 SNS에 올리는 너의 일상이 B의 눈에 좀 거슬렸던 것 같은데?"

사실, B는 그런 말을 한 적이 없었다. 단지 A가 요즘 새로 생긴 남자친구와 행복하게 지내는 모습에 애진이 부러워서 배가 아팠을 뿐이었고 A의 절친인 B의 의견처럼 이야기해서 A의 행동을 자제 시키고 싶었나 보다. 이 말을 들은 A는 B와 점점 거리를 두기 시작하며 B의 어떤 말도 믿지 않고 의심하기 시작했다. 그런데 다음 날, 애진은 B에게도 비슷한 말을 했다.

"A가 요즘 너 없을 때 다른 사람들한테 너 흉을 보고 다닌다던데 조심하는 게 좋을 것 같아."

그 말에 B 역시 A와 대화를 피하기 시작했고 A가 하는 모든 행동들이 마음에 안 들기 시작했다. 애진은 두 사람의 관계가 어색해진 것을 보며 속으로 흡족해했다.

'결국 내가 생각했던 방향대로 흘러가잖아. 모든 관계의 키는 나라고 나!'

친구들은 주변 사람들의 근황을 물어볼 때면 항상 애진을 먼저 찾아서 물어보기 시작했고 애진은 본인의 입맛대로 관계들을 좌지우지할 수 있게 되었다. 폭탄이 언제 터질 줄 모른 채…

그러나 시간이 지나면서 A와 B는 애진의 행동을 의심하기 시작했다. B와 지낸 시간이 오래됐던 A는 몇 날 며칠 속상한 마음을 뒤로한 채 용기 내서 B와 만남을 요청했고 그들은 서로 대화를 나누며 오해를 풀며 애진의 말이 과장된 허위였음을 알게 되었다.

애진의 행동은 가정에서도 이어졌다. 남편과 사소한 다툼이 있을 때면 그녀는 곧장 부모님께 전화를 걸어 상황을 이야기했다.

"엄마, 남편이 또 이런 식으로 행동해. 내가 얼마나 힘든지 알겠지? 나 못 살겠다 정말"

부모님은 딸의 말을 듣고 걱정하며 그들이 사소하게 다툴 때마다 시간에 상관없이 남편에게 전화를 걸어 따지곤 했다.

"김 서방, 집에서 애진에게 잘 좀 하지 왜 맨날 싸우고 그래 서로 힘들게. 우리 애진이 같은 딸 없어, 내가 얼마나 귀하게 키웠는데 자네가 그러면 안 돼."

남편은 본인이 일방적으로 당했을 때도 전화를 걸어 부모님께 호소하는 애진의 행동에 정말 억울했지만 애진이 부모님을 끌어들일 때마다 가정에서 더 큰 갈등을 피하기 위해 침묵할 수밖에 없었다. 갈등은 점점 커졌고 부부 관계는 완전히 틀어져 버렸다.

갈등유발형 인간 대처법

소문과 이간질에 효과적으로 대처하려면 정보의 사실 여부를 객관적으로 확인하고 소문을 바로잡는 것이 중요하다. "그 이야기가 사실인지 확인해봤나요? 제가 직접 알아보겠습니다"와 같은 태도는 소문이 무분별하게 확산되는 것을 방지할 수 있다. 소문을 전달받더라도 즉시 반응하지 않고 상황을 진정시키며 "그런 이야기가 있다니 놀랍네요. 하지만 직접 대화를 나눠 보는 게 좋겠어요"와 같이 침착하게 대처하는 것이 필요하다.

소문이 갈등으로 번지지 않도록 공개적 소통을 강조하며 관련된 당사자들 간의 직접적인 대화를 유도하는 것이 효과적이다. "그 문제에 대해 다 함께 이야기해 보는 게 좋을 것 같아요"라는 접근은 갈등을 투명하게 해결할 수 있는 환경을 제공한다. 이간질을 의도적으로 유발하려는 행동을 인식하고 이를 분명히 지적하며 "이런 이야기가 왜 퍼지고 있는지 궁금하네요. 사실을 정확히 확인해봅시다"와 같은 말로 이간질의 의도를 무력화할 수 있다.

소문을 유포한 사람이 자신의 행동에 책임을 지도록 유도하는 것도 필요하다. "이야기를 전달한 사람이 책임감을 가지고 직접 설명해야 하지 않을까요?"와 같은 제안은 책임 있는 태도를 강조하며 문제 해결에 기여할 수 있다. 마지막으로 소문이나 이간질로 약화된 관계를 회복하기 위해 긍정적 관계를 강화하는 데 주력해야 한다. "우리 서로 오해가 있었던 것 같아요. 직접 이야기해 보니 해결될 수 있을 것 같아요"라는 말은 신뢰와 대화를 바탕으로 관계를 회복하는 데 효과적이다.

이러한 접근은 소문과 이간질로 인한 갈등을 최소화하고 더 건강한 관계와 협력을 촉진하는 데 도움이 된다. 갈등 유발형 인간은 부정적이고 혼란스러운 분위기를 조성하지만 그들의 행동을 통해 조직이나 관계 내 숨겨진 문제를 드러낼 수도 있다.

이들과 함께할 때는 소문과 이간질의 영향을 최소화하고 직접적인 소통과 신뢰를 강화하는 것이 중요하다. 확인되지 않은 정보에 반응하지 않고 객관성과 투명성을 유지하면 그들의 행동을 효과적으로 무력화할 수 있다.

•• #13 뻔뻔형 인간

**잘못이나 책임을 인정하지 않고 상황을 무시하거나 떳떳하게 행동하
며 문제를 회피하는 사람**

뻔뻔형 인간은 자신의 잘못이나 부족함에도 불구하고 부끄러움이나 죄
책감을 느끼지 않는 태도를 보인다. 이들은 상황을 합리화하거나 남 탓으
로 돌리며 심지어 자신의 행동을 정당화하려 한다. 때로는 당당하고 자신
감 넘치는 태도로 주위 사람들에게 혼란을 주고 상황을 자신에게 유리하
게 끌고 가려는 경향이 있다.

이들의 주요 특징으로는 자신의 실수나 잘못을 인정하지 않고 핑계나
변명을 사용하며 문제의 원인을 외부 요인에 돌리고 비도덕적인 행동에
대한 죄책감이나 부끄러움이 없다는 점이 있다. 또 논리적 근거 없이도
자신감 있게 행동하여 문제를 회피하거나 타인의 부정적인 평가나 비판
에 둔감하고 심지어 이를 비꼬는 경우도 많다.

이들의 행동은 때로는 긍정적인 효과를 가져오기도 한다. 압박 상황에
서도 침착함을 유지하며 대담하게 행동하거나 외부의 평가에 흔들리지
않고 자기중심적인 결정을 내리는 모습을 보일 수 있다. 어떤 상황에서도
자신감 있게 행동하여 설득력을 발휘하기도 하며 부정적인 상황에서도
스트레스를 덜 받는 강한 내성을 보인다. 협상과 설득 상황에서 태도와

자신감을 바탕으로 상대방을 설득하는 능력도 이들의 강점이다.

그러나 이러한 태도는 단점도 적지 않다. 자신의 잘못을 인정하지 않아 팀워크나 관계에 갈등을 초래하고 주변 사람들에게 신뢰를 잃기 쉽다. 자신의 잘못을 다른 사람에게 떠넘기며 관계를 악화시키고 실수를 인정하지 않음으로써 자기 성찰과 발전의 기회를 놓치게 된다. 나아가 자신의 행동을 정당화하면서 타인과의 갈등을 키우는 경우도 많다.

신뢰의 붕괴

종선은 언제나 자신을 합리적인 사람이라고 생각하며 그는 잘못된 상황에서도 뻔뻔하게 이유를 만들어 내고 문제의 원인을 자신이 아닌 타인에게 돌리며 자신의 이미지를 보호하려 했다. 그러나 안타깝게도 그만 모르는 그의 책임 회피와 무책임한 태도를 주변 사람들은 모두가 알고 있었다.

보험회사에 다니고 있는 종선은 맡았던 최근 본인이 맡기로 한 중요한 계약 건에 참석하지 못하였다. 문제의 핵심은 그가 중요한 계약을 담당하는 부서의 팀장이었음에도 무단으로 계약을 파투 냈으며 그 책임을 팀원들에게 떠넘겨 책임을 인정하려 하지 않았다. 회의 자리에서 지점장이 종선을 따로 불러 날카롭게 물었다.

"종선 씨, 이번 중요한 계약 건에 참석하지 않은 이유가 뭡니까?"

종선은 한 치의 망설임도 없이 대답했다.

"제가 맡은 부분은 잘 진행됐습니다. 미팅 마지막까지 고객과 연락하며 장소와 시간까지 준비를 다 마쳤고요. 그런데 개인적으로 갑작스러운 일이 생겨 참석하지 못했는데 이런 상황에서는 팀원들이 커버를 해 줘야 하는데 이 자식들이 아무도 저에게 연락도 없이…."

이 말을 전해 들은 팀원들은 모두들 황당한 표정이었다.

"어제 팀장님 SNS에 여자들하고 술자리 참석한 거 스토리 새벽까지 올라오지 않았어?? 다들 봤잖아??"

"팀장님이 따로 우리에게 아무 말이 없어서 당연히 팀장님 계약 건이니까 가실 줄 알았지 우리에게 일정 보고하고 다니시는 것도 아니고…"

사실 그는 미팅 하루 전 유흥에 빠져 본인의 중요한 스케줄을 뒤로한 채 고주망태가 될 때까지 술을 마셔 중요한 계약에 참석하지 못했던 것이었다. 하지만 종선은 자신이 완벽하다는 이미지를 유지하기 위해 오히려 팀원들에게 책임을 떠넘기기 바빴다. 지점장에게 혼난 종선은 곧바로 사람들 앞에서 팀원들을 불러 꾸짖으며 말했다.

"내가 어제 갑작스럽게 중요한 일이 생겼으니 너희들 중 일정 비는 사람이 미팅에 대신 참석하라고 했잖아!! 너희들 그렇게 책임감이 없어서 앞으로 나랑 어떻게 같이 일하려고 그래?? 정신을 어디다 두고 다니는 거야!!"

팀원들은 동시에 불만을 품고 속으로 그를 비난했지만 종선은 오히려 자신을 방어하며 지점장에게 말했다.

"예상했던 일이 벌어져 버렸네요. 혹시나 했는데 지점장님께 제가 팀장으로 대표로 죄송하단 말씀드립니다. 팀원들 관리를 더 철저하게 했어야 하는데… 이번 계약 건은 제가 고객님께 따로 연락드려 어떻게든 다시…"

회식이 끝난 뒤 2차를 가자는 팀장의 말에 팀원들은 그와의 대화를 피하며 모두 흩어졌다. 따로 다시 만난 팀원들은 기다렸다는 듯이 이야기를 꺼냈다.

"우리 팀장은 항상 자기 잘못은 없고 무조건 우리가 잘못했대. 이번 건은 너무 심했잖아. 받아 주는 것도 한두 번이지… 같이 일 못하겠다 정말…", "어떻게 사람이 저럴 수가 있지?… 도대체 어떻게 팀장이 된 거야??"

이런 이야기가 돌고 있는 같은 시간 종선의 SNS에는 여지없이 게시물이 올라왔다.

종선의 무책임한 태도는 친구들과의 관계에서도 마찬가지였다. 그는 최근 대학교 친구들과의 잡은 약속을 아무런 연락 없이 친구들의 연락을 받지 않은 채 잠수를 탔다. 종선이 먼저 제안한 약속이었기에 종선이 빠지면 안 되는 자리였다. 하루 동안 연락이 안 되던 종선이 다음날 아무렇지 않게 친구들 단체 채팅방에 채팅을 남겼다.

"어제 쏘리~ 갑자기 일이 생겨서 어쩔 수 없었어. 재밌게 놀았어?"

친구들은 기다렸다는 듯이 그에게 불평불만은 쏟아 내며 그의 무책임함에 불편한 기색을 보이자 종선은 오히려 태연하게 말했다.

"너희도 약속 못 지킬 때 있잖아. 이번만 이해 좀 해 주라."

친구 중 한 명이 말했다.

"그래도 약속을 취소했으면 좀 미안한 티라도 내야지. 매번 이렇게 뻔뻔하게 그러면 모임에서 너 뺄 거야."

하지만 종선은 고개를 저으며 답했다.

"내가 매번 그런 것도 아닌데 왜 이렇게 예민하게 그래? 진짜 성격 이상하네."

사실 혼자 보내는 시간을 못 견디는 종선은 무료한 시간을 달래기 위해 친구들과 약속을 잡았지만 같은 날 아는 여동생이 술 한잔 사달라고 하여 종선은 친구들과의 약속을 깨고 그 여동생을 만나러 갔던 것이었다. 그날 이후부터 친구들은 종선과의 만남을 단절했지만 종선은 이 상황을 오히려 친구들의 문제로 치부했다.

뻔뻔형 인간 대처법

뻔뻔형 인간에게 효과적으로 대처하려면 명확한 책임을 강조하고 문제 해결에 적극적으로 참여하도록 유도하는 것이 중요하다. "이 부분은 분명히 당신이 맡은 부분입니다. 함께 해결 방법을 논의해 볼까요?"와 같은 말은 책임 소재를 분명히 하면서도 협력적인 분위기를 조성할 수 있다.

감정적으로 대응하는 것은 갈등을 키울 수 있으므로 차분하고 논리적인 접근이 필요하다. "이 상황을 해결하려면 누구의 책임인지 명확히 할 필요가 있어요"라는 태도는 문제를 객관적으로 다룰 수 있도록 돕는다. 그들의 변명이나 합리화를 방지하기 위해 사실 기반의 대화를 진행하며 "이 업무의 진행 상황은 기록에 남아 있어요. 여기에서 어떤 부분이 부족했는지 확인해 볼까요?"라는 방식으로 객관적인 데이터를 활용하는 것이 효과적이다.

도덕적 감수성을 자극해 자신의 행동이 다른 사람들에게 미치는 영향을 인식하게 하는 것도 필요하다. "당신의 이런 태도가 팀 전체에 어떤 영향을 미칠지 생각해 보셨나요?"라는 질문은 그들에게 책임감을 느끼게 할 수 있다. 책임과 결과의 연계를 강조하며 자신이 한 행동에 따라 결과가 따른다는 점을 이해시키는 것도 중요하다. "이번 결과는 당신이 맡은 부분에서 나온 것이니 이 부분을 개선해 보는 건 어떨까요?"라는 말은 개선

사람을 읽는 기술

의 필요성을 부드럽게 전달한다.

만약 뻔뻔한 태도가 반복된다면 지나치게 관여하지 않고 거리를 두는 것도 필요하다. "이 문제는 당신의 역할이니 스스로 해결 방법을 찾아보세요"와 같은 태도는 감정적으로 휘말리지 않고 적절한 책임을 요구할 수 있는 방법이다.

이러한 접근은 뻔뻔형 인간과의 상호작용에서 갈등을 최소화하고 책임감을 강화하는 데 효과적이다. 뻔뻔형 인간은 책임을 회피하고 문제를 무시하려는 태도로 갈등을 유발할 수 있지만 적절한 피드백과 명확한 대처 방식을 통해 이들의 태도를 조율할 수 있다.

이들과 함께 생활하거나 일할 때는 감정적 대응을 피하고 책임의 중요성을 반복적으로 강조하고 행동의 결과를 인식하게 하는 것이 중요하다. 지나친 관여를 지양하고 그들의 뻔뻔한 태도가 관계에 부정적인 영향을 미치지 않도록 적절히 거리를 유지하는 것이 핵심이다. 책임감과 도덕적 감각을 심어 주는 환경을 만들어야 관계를 개선할 수 있다.

•• #14 책임회피형 인간

책임을 지는 것을 두려워하며 문제가 발생하면 회피하거나 타인에게 떠넘기는 경향이 있는 사람

책임회피형 인간은 실패나 비판의 부담을 피하기 위해 자신의 책임을 인정하지 않으려 한다. 이들은 문제가 생기면 핑계를 대거나 책임을 다른 사람에게 전가하며 심지어 자신이 그 상황과 무관하다고 주장하기도 한다. 책임감 있는 태도를 요구받으면 회피하거나 방어적으로 변해 상황을 악화시키는 경우가 많다.

책임회피형 인간의 주요 특징으로는 문제 상황에서 핑계나 변명을 늘어놓고 "내가 그걸 해야 해?"와 같은 태도로 책임을 떠넘기며 결과에 대해 본인 공은 주장하되 실패는 타인의 탓으로 돌리는 행동이 있다. 불리한 상황에서는 자취를 감추거나 방관하는 경향을 보이며 실패를 두려워해 적극적인 시도를 기피하기도 한다.

이들의 행동에서 드러나는 장점은 위험 요소를 빠르게 파악하는 능력과 무모한 행동을 피하는 조심스러운 태도다. 문제 상황에서 책임을 지지 않으려 하면서도 상황을 면밀히 관찰하는 경향으로 인해 관찰력이 발달하고 직접 참여하기보다 관찰자의 위치에서 논리적인 의견을 제시할 때 객관성을 유지하는 경우도 있다.

사람을 읽는 기술

하지만 이들의 단점은 더욱 두드러진다. 책임 회피로 인해 주변 사람들의 신뢰를 잃고 팀 내에서는 맡은 역할을 방기함으로써 동료들에게 부담을 증가시킨다. 또 책임을 두려워해 새로운 도전과 경험을 기피함으로써 개인적인 발전이 더딜 수 있으며 방관으로 인해 문제 해결이 지연되고 상황이 악화될 가능성도 크다.

마지막으로 비판이나 지적에 과도하게 방어적으로 반응하며 소극적이고 방어적인 태도를 보임으로써 솔직한 의사소통이 어려워지는 문제가 발생할 수 있다.

스스로 만든 무책임의 덫

대기업 마케팅 부서에서 10년을 근무한 정 영 차장은 능구렁이 같은 성격으로 회사에서 '살아남는 법'을 누구보다 잘 아는 인물이었다. 그는 중간에 끼어있는 위치에서 매사에 책임을 회피하는 인간으로 정평이 나 있었다. 부서 내에서 "정 차장님께 물어보세요"라는 말이 들리면 곧이어 돌아오는 답은 언제나 같았다.

어느 날, 정 영 차장과 같은 팀은 김 대리는 팀장님께 마케팅 중요 현황 보고서 작성을 지시받았다. 중요 현황 보고서를 작성해 본 경험이 없는 김 대리는 팀장님께

"팀장님 제가 중요 현황 보고서는 작성을 해 본 적이 없어서 그런데 혹시 가이드가 있을까요? 사장님께 보고되는 서류라서 걱정이 많이 되는 게 사실입니다…"

팀장은 말했다.

"정 영 차장이 많이 작성해 봐서 가이드 줄 거야. 정 영 차장한테 물어봐서 함께 작성하고 검토 받아서 결재 올려."

김 대리는 정 영 차장의 성격을 알기에 불안감 온몸을 감싸며 머리가 지끈거렸지만 알겠다는 답변과 동시에 정 영 차장을 찾아가 상황을 설명드리고 도움을 요청했다. 하지만 정 영 차장은 예상했던 대로

"아, 그 보고서 뭐 별다른 거 없으니까 그냥 김대리가 쓰던 대로 쓰고 결재 올려."

김 대리는 말했다.

"팀장님께서 차장님 검토를 받아 보라고…"

말이 끝나기가 무섭게 정 영 차장은

"그냥 내가 검토했다고 하면 되지 귀찮게 하나하나 다 말해 줘야 알아?"

김 대리는 정 영 차장의 말대로 중요 현황 보고서를 작성하여 결재를 올렸고 업무가 밀려있던 팀장님은 정 차장의 검토가 되어서 작성됐을 거라 생각하고 보고서를 결재했다. 그러나 이번엔 사정이 달랐다. 사실 그 보고서는 사장님이 아니라 회사의 내년 비즈니스 방향을 정하는 중요한 보고서였고 회장님 특별 지시로 내려온 보고서였기 때문이다.

이를 알지 못했던 팀장 얼마 후 사장님께 형식에 맞지 않는 엉망인 보고서로 사장님께 불려 가 호되게 질책을 들었고 팀장은 곧 팀 회의를 열었고 회의실 분위기는 냉장고보다 싸늘하게 느껴졌다. 이미 모든 상황을 알게 된 팀원들은 어떤 말을 꺼내야 할지 서로 눈치를 보고 있었던 찰나 정 영 차장이 조심스럽게 입을 열었다.

"제가 김 대리 보고서를 보고 다시 작성해서 검토 요청하라고 지시했는데 시간이 촉박하단 이유로 김 대리가 팀장님께 바로 결재를 올리는

바람에…"

김대리는 순간 너무 황당해서 입이 떨어지지 않았다. 화를 내실 것으로 예상한 팀원들의 생각과 다르게 팀장님은 "마지막까지 꼼꼼하게 검토하지 않은 내 책임"이라며 오히려 팀원들의 사기가 떨어질까 봐 격려해 주셨고 중요 보고서는 김 대리가 아닌 정 영 차장이 작성할 것을 지시하였다.

순간 짜증이 솟구치는 정 영 차장은 이 모든 게 김 대리 때문에 내가 중요 보고서를 맡게 되었다고 생각하여 회의가 끝난 후 김 대리를 따로 불러 분노 서린 말투로 짜증만 쏟아냈다. 그러곤 속으로 혼자 복잡한 계산을 하고 있었다.

"잘못되면 내 이름이 박힐 텐데… 다른 사람 많은데 왜 하필 나한테 일을 맡긴 거야…"

잠시 고민을 끝낸 정 영은 어떡해서든 여러 거짓의 상황으로 이 상황은 모면하기 위해 팀장을 찾아 나선다. 누군가는 말했다.

"정 차장은 실패하지 않을 거야. 실패는 그에게 닿지 않으니까."

그러나 그가 실패하지 않는 동안 정 차장에 대한 동료들의 신뢰는 계속 무너지고 있었고 언젠가 그도 무너질 것이라 모두가 생각하고 있었다.

책임회피형 인간 대처법

책임감을 키우고 책임 회피를 방지하려면 책임의 중요성을 인식시키는 것이 핵심이다. 책임을 회피하면 상황이 더 악화될 수 있음을 강조하며 "이건 당신이 맡은 중요한 부분이니 해내는 것이 전체 팀의 성공에 큰 영향을 줄 거예요"와 같은 말로 책임감을 설득력 있게 전달할 수 있다. 처음부터 큰 책임을 맡기는 대신 작은 과제를 통해 성취감을 느끼게 하여 책임에 대한 두려움을 줄이는 접근이 효과적이다. "이번엔 이 간단한 부분부터 맡아보세요. 잘할 수 있을 거예요"라는 말은 자신감을 심어 주는 좋은 방법이다.

책임 회피의 여지를 줄이기 위해 역할과 책임을 명확히 정의하는 것도 필요하다. "이 부분은 김 대리님이 전적으로 맡는 걸로 확인했으니 진행 사항만 공유 부탁드릴게요"라는 방식으로 사전에 책임 소재를 명확히 하는 것이 중요하다. 동시에 단독으로 책임을 지는 것에 대한 부담을 줄이기 위해 협력과 지원을 강조하며 "이건 혼자 하는 일이 아니에요. 우리 모두가 함께 할 테니 편하게 진행하세요"라고 말해 부담감을 완화할 수 있다.

책임을 다했을 때는 긍정적인 피드백을 제공해 책임감이 좋은 결과를 가져온다는 믿음을 심어 줘야 한다. "이 부분을 잘 마무리해 주셔서 정말 큰 도움이 됐어요. 다음에도 믿고 맡길 수 있을 것 같아요"와 같은 피드백은 긍정적인 동기를 강화한다. 반대로 책임 회피에 대한 결과를 명확히 전달하여 상황의 심각성을 인식시키는 것도 필요하다. "이 부분이 처리되지 않으면 프로젝트 전체 일정이 늦어질 수 있습니다. 꼭 확인 부탁드립니다"라는 말은 책임을 회피하는 행동이 가져올 부정적인 영향을 분명히 알리는 데 도움이 된다.

이러한 접근은 책임감을 높이고 개인과 팀 모두에게 긍정적인 결과를 가져올 수 있다. 책임회피형 인간은 초기에는 부담을 줄이려는 방어적 성향을 보이지만 이를 방치하면 팀워크와 관계에 부정적 영향을 미칠 수 있다.

　　　　　　　　　　　　　　　사람을 읽는 기술

이들과 함께 생활할 때는 명확한 책임 분담과 긍정적인 피드백을 통해 그들이 책임감을 부담으로 느끼기보다 성장의 기회로 인식하도록 도와야 한다. 작은 성공을 통해 자신감을 키우고 책임의 중요성을 자연스럽게 깨닫게 하는 것이 핵심이다.

제5장

성공과 기회를 노리는 사람들

성공을 위해 무엇이든 하는 인간들의 전략

•• #15 정치적 인간

인간관계와 조직 내 권력 구조를 활용하여 자신의 이익을 극대화하려는 사람

정치적 인간은 조직이나 집단 내에서 자신에게 유리한 관계를 구축하고 상황을 전략적으로 조율하여 자신의 목표를 달성하려 한다. 이들은 계산적이고 목표 지향적이며 타인과의 관계를 자신에게 유리한 방향으로 이끌기 위해 의도적으로 행동한다. 하지만 이들의 행동은 종종 신뢰 문제를 일으키고 진정성에 의심을 받는 경우가 많다.

정치적 인간의 주요 특징으로는 조직 내 권력 구조를 파악하고 이를 활용하는 능력이 뛰어나다는 점이 있다. 이들은 계산적이고 전략적으로 행동하며 인간관계를 철저히 관리하며 자신에게 불리한 상황을 회피하거나 유리한 상황을 만들어 내려는 경향이 있다. 겉으로는 협력적인 태도를 보이지만 본질적으로는 개인의 이익을 중시한다.

또한 소문을 퍼뜨리거나 영향력을 확대하기 위해 정보를 전략적으로 사용하는 경우도 흔하다. 이들의 행동에서 긍정적인 측면도 있다. 정치적 인간은 탁월한 네트워킹 능력을 발휘하며 다양한 사람들과 관계를 맺고 이를 통해 필요한 자원을 확보할 수 있다.

이들은 전략적 사고를 통해 상황을 분석하고 목표를 달성하기 위한 최적의 방법을 찾는 데 능숙하다. 복잡한 상황에서도 문제를 해결하거나 갈등을 중재하며 조직 내에서 영향력을 확대하는 리더십을 발휘할 수 있다. 변화하는 상황에 빠르게 적응하며 유리한 포지션을 유지하는 적응력과 유연성도 그들의 강점 중 하나다.

그러나 이러한 행동에는 단점도 뒤따른다. 정치적 인간은 지나치게 계산적인 태도로 인해 진정성이 부족하다는 인상을 줄 수 있으며 이는 주변 사람들에게 신뢰를 잃는 결과를 초래할 수 있으며 자신의 이익을 위해 다른 사람을 희생시키거나 배제하는 행동은 갈등을 초래할 위험이 있다.

정보를 활용하는 과정에서 소문이나 음모로 인한 부작용이 발생할 가능성도 있으며 개인의 이익을 지나치게 중시하다 보면 팀워크가 약화되거나 동료들에게 소외감을 줄 수 있다. 또 항상 자신의 입지와 영향력을 신경 쓰는 과정에서 과도한 스트레스를 유발하며 피로와 긴장감 속에서 살아갈 위험도 있다.

정치적 인간은 이러한 장단점을 모두 이해하고 자신의 행동이 조직과 관계에 미치는 영향을 고려할 필요가 있다. 계산적이고 전략적인 접근이 때로는 조직 내 문제 해결과 발전을 이끌 수 있지만 진정성과 신뢰를 바탕으로 한 인간관계를 구축하는 것이 장기적인 성공에 더욱 중요하다.

유능한 리더인가, 전략적 생존자인가?

연웅은 사내에서 유능한 인물로 평가받고 있었다. 그러나 그의 "유능함"은 실제 업무 성과보다는 사람을 다루는 기술에서 비롯된 것이었다. 그는 회사 내에서 승진을 위해 누가 영향력을 가지고 있는지 누구를 자신의 편으로 만들어야 하는지 정확히 알고 있었다.

"팀장님, 회의에서 진짜 멋있으셨어요. 팀장님의 논리를 따라갈 사람은 아무도 없는 것 같습니다!"

팀장에게는 아부를 하며 팀장과의 거리감을 좁혀 나갔고 팀장을 믿고 따르는 팀원 1순위로 생각하게 만들었다,

"부장님 요즘 건강 괜찮으세요? 제가 자주 챙기지 못해서 죄송합니다. 날씨가 많이 쌀쌀해졌는데 이 홍삼 챙겨드시며 건강 챙기세요. 요즘 많이 힘들어 보이시던데…"

부장에게는 안녕과 가족적인 관심을 보이며 호감을 샀다.

"사랑하는 내 동생 김대리 네가 우리 조직의 중심이다. 형이 너 믿고 일한다. 힘들면 언제든 나한테 말해."

팀원들에게는 다정한 리더로 다가가며 자신의 이미지를 포장했다. 그는 사람들에게 자신이 특별한 존재라는 느낌을 심어 주었다. 겉으로는 모두의 편인 것처럼 행동했지만 연웅이 진정으로 신경 쓰는 건 승진을 위해 누가 더 유리한 카드를 가지고 있는지였다.

연웅은 직장에서 절대로 적을 만들지 않았다. 누군가가 실수를 해도 직접 지적하지 않고 부드럽게 넘어갔다. 나 말고도 실수를 지적하는 사람은 분명 있을 거니까.

한 번은 나와 함께 승진 대상이 될 수 있는 1년 후배가 실수로 중요한 거래처 미팅 장소 예약을 누락해버려 미팅 당일 혼선이 생겼고 그로 인해 미팅 시작 전부터 거래처와의 신뢰가 삐딱거렸다. 연웅은 말했다.

"괜찮아. 우리가 실수할 수 있지 무슨 컴퓨터도 아니고 그 많은 일정을 어떻게 다 신경 써. 대신 다음부터는 더 조심하면 돼. 바쁘면 형한테 말해

내가 도와줄게."

겉으로는 따뜻하고 배려심 있는 동료처럼 보였지만 이 말을 한 후 연웅은 팀장에게 이렇게 말했다.

"박 과장이 요즘 조금 일에 집중을 좀 못하는 것 같아요. 무슨 일이 있나 본데 중요한 일정은 앞으로 제가 좀 더 관리하겠습니다."

박 과장은 그의 말에 감사했지만 사실 연웅은 이 일을 통해 조직에서 박 과장보다 내가 더 믿음이 가고 능력이 있는 사람이라는 메시지를 윗선에 전달한 것이었다. 연웅은 회사 내에서 정보의 안테나 역할을 하며 정치적 입지를 다졌다. 시간이 날 때마다 주변 사람들에게 전화 안부를 돌리는 연웅은 사실 안부의 목적보단 새로운 소문이나 정보를 얻기 위한 목적이 전부였다.

이러한 방식으로 연웅은 누구보다 먼저 떠도는 정보를 입수했다. 그는 그 정보를 전략적으로 활용했고 윗사람에게는 조직원의 불만을 살짝 흘려 팀을 관리할 줄 아는 사람으로 보이게 했고 팀원들에게는 상사와의 소통이 원활한 척하며 "나는 너네들 편이야"라는 신호를 보냈다.

어느 해 12월, 개편된 조직 발표를 앞두고 연웅은 예상치 못한 위기를 맞았다. 이사와 관계가 좋았던 박 과장이 연웅의 강력한 경쟁자로 떠올랐다. 연웅은 박 과장의 이미지를 은근히 깎아 내릴 전략을 짰다. 이사님이 참석한 미팅에서 연웅은 말했다.

"박 과장님 지난번 보고서 수정한 부분은 확인하셨죠? 아, 그거 아직 처리 중이신가요? 저는 이번 보고서 제출이 끝나서 바쁘시면 제가 좀 도와드릴게요."

겉으론 돕는 척했지만 박 과장이 일을 미뤘다는 인상을 남기려는 계산

이었다. 이사님의 다이렉트 부하 직원인 이 부장님과 사적인 통화에선,

"박 과장님이야 워낙 성실하시죠. 다만, 가끔 리더십 면에서는 조금 더 발전할 여지가 있지 않을까 싶어요."라고 말을 꺼내며 부장에게 경쟁자의 약점을 우회적으로 전달하여 자신을 더 나은 리더로 각인시켰다. 결국, 연웅은 결정적으로 부장의 신뢰를 얻어 새로 발표된 조직에서 박 과장을 제치고 팀장으로 승진에 성공했다. 그는 축하를 받으며 말했다.

"이건 우리 팀 모두가 함께 이룬 성과예요. 제가 잘한 건 없고 다들 우리 후배님들께서 도와주셔서 가능했습니다."

그러나 팀원들은 이미 그의 정치적인 행동을 일찌감치 눈치채고 있었다. 그에 대한 정치적인 평판이 리더십 그룹의 귀에도 들어갔지만 상부는 이를 문제 삼지 않았다. 연웅 팀장은 그저 리더십있고 믿음직한 유능한 리더로 평가받았고 그의 정치적 행동은 회사의 시스템 내에서 정당화되었다.

연웅이 승진한 후, 조직의 분위기는 점점 안 좋은 쪽으로 흘러갔다. 팀원들은 서로를 신뢰하지 못하게 되었고 중요한 정보는 공유되지 않았으며 리더십 그룹과 팀원들 간의 관계도 멀어졌다. 연웅은 여전히 상부와의 관계를 유지하며 성공 가도를 달렸지만 팀원들의 사기는 바닥을 쳤다.

"능력보다는 정치적인 사람이 승진하는데 누가 열심히 하겠어?"

"그냥 내가 받는 월급만큼만 일할 거야."

팀의 성과는 하락했고 이러한 소문들은 SNS를 통해 회사들의 커뮤니티에 떠돌면서 회사의 이미지는 나락으로 가버렸다. 정치적 인간은 단기적으로는 성공할 수 있지만 조직 전체에는 치명적인 독이 되었다.

연웅의 승진은 그가 승리한 것이 아니라 조직이 그에게 진 것이었다.

정치적 인간 대처법

정치적 성향을 가진 사람들과 상호작용할 때는 객관적이고 중립적인 태도를 유지하는 것이 중요하다. 이들의 의도를 감추는 행동에 감정적으로 대응하지 않고 "그 의견은 한번 더 검토해 보는 게 좋을 것 같아요. 모두가 동의할 수 있도록요"라는 말로 상황을 객관적으로 처리할 수 있다. 이들은 종종 정보를 무기로 삼기 때문에 자신의 이야기를 조심스럽게 전달하며 불필요한 개인적인 말은 삼가는 태도가 필요하다. "그건 아직 확정된 게 아니니 조금 더 논의 후에 말씀드릴게요"와 같은 표현으로 신중하게 대처할 수 있다.

이들의 행동이 의심스러울 경우 직접적인 대화를 통해 의도를 명확히 하는 것이 효과적일 수 있다. "이 부분에서 당신의 생각은 어떤지 명확히 알고 싶어요"라는 방식으로 열린 대화를 유도하면 오해를 차단할 수 있다. 또한 팀워크와 협력의 중요성을 강조하며 개인적인 이익보다 팀 전체의 목표를 중시하는 문화를 조성해야 한다. "이 프로젝트는 모두의 협력이 필요하니 서로의 역할에 집중하는 게 좋겠어요"라는 말을 통해 공동의 목표에 초점을 맞출 수 있다.

정치적 인간의 조작이나 음모를 방지하려면 신뢰할 수 있는 동료들과의 관계를 강화하고 팀 내 투명성을 높이는 것이 중요하다. "모든 결정을 팀원들에게 투명하게 공유합시다"와 같은 제안은 투명성을 증대하고 신뢰를 구축하는 데 도움이 될 수 있다. 마지막으로 이들의 계산적 행동에 지나치게 관여하지 않도록 거리를 유지해야 한다. "그 부분은 제 권한을 넘어가니 관련된 분들끼리 논의해 보세요"라는 태도는 그들의 전략에 휘

사람을 읽는 기술

말리지 않으면서도 책임감을 유지하는 방식이기 때문에 이러한 접근은 정치적 인간과의 상호작용에서 갈등을 최소화하고 협력적이고 투명한 환경을 조성하는 데 효과적이다.

정치적 인간은 상황을 분석하고 자신의 목표를 달성하기 위해 노력하는 강점을 가지고 있지만 지나친 계산과 개인주의는 신뢰를 잃고 갈등을 유발할 수 있다. 이들과 함께 생활하거나 일할 때는 객관적이고 투명한 소통을 통해 그들의 의도를 파악하며 팀워크와 공정성을 강조하는 것이 중요하다. 정치적 인간은 조직 내 필요성을 가진 존재일 수 있으나 그들의 전략이 협력으로 이어지도록 조율하는 것이 핵심이다.

•• #16 기회주의형 인간

자신의 이익을 위해 상황과 환경에 따라 태도나 행동을 유리하게 바꾸는 사람

기회주의형 인간은 원칙이나 신념보다 상황적 유리함을 우선시하며 자신의 이익을 극대화하기 위해 언제든 태도나 입장을 바꾸는 경향이 있다. 이들은 민첩하고 빠르게 상황을 파악하지만 종종 신뢰를 잃거나 주변 사람들에게 불편함을 줄 수 있다.

기회주의형 인간의 주요 특징으로는 변화하는 환경에 빠르게 적응하고 태도와 입장을 유리하게 수정하는 능력이 있다. 항상 자신의 이익을 우선시하며 이를 위해 관계나 규칙을 이용하는 자기중심적인 판단을 내리며 특정한 가치나 원칙에 얽매이지 않고 유리한 쪽으로 선택을 변경한다.

이들은 자신의 이익을 위해 타인과 협력하거나 신뢰를 얻으려는 친화적 태도를 보이는 동시에 과정보다는 결과를 중시하며 목표 달성을 위해 수단을 가리지 않는 결과 중심적 사고를 가진다. 이들의 장점은 변화하는 환경에서 민첩하게 대처하며 생존 능력을 발휘한다는 점이다.

유리한 상황을 잘 포착해 이를 활용하는 기회 포착 능력과 감정적이기보다 실리적이며 효율적인 판단을 내리는 실용적 접근이 돋보인다. 또한 주변 환경을 빠르게 이해하고 이를 기반으로 전략을 세우는 상황 분석 능

114

력과 필요에 따라 태도를 조정하며 갈등 상황을 회피하거나 해결하는 융통성 있는 행동도 강점이다.

그러나 단점도 뚜렷하다. 상황에 따라 행동을 바꾸기 때문에 주변 사람들에게 신뢰를 얻기 어려운 신뢰 부족 문제가 있다. 자신의 이익을 우선시하다 보니 깊이 있는 관계를 형성하지 못하는 관계의 피상성과 특정한 신념 없이 이익만을 추구함으로써 장기적으로 신뢰를 잃는 원칙과 가치의 부재도 단점으로 작용한다. 자신의 행동이 타인에게 이용당했다는 느낌을 주어 갈등을 유발할 가능성이 있으며 장기적인 결과보다 당장의 이익에 집중해 지속 가능성을 해칠 위험도 존재한다.

기회주의형 인간은 이와 같은 장단점을 고려하며 자신의 행동이 조직과 관계에 미치는 영향을 신중히 판단해야 한다. 유연성과 적응력이 장점으로 작용할 수 있지만 신뢰와 진정성을 기반으로 한 관계 형성이 장기적인 성공을 위해 더욱 중요하다.

기회의 가면 속 리더십의 몰락

수영은 경쟁이 가장 치열한 전쟁터와 같은 영업부서에서도 늘 미소를 띠며 사람들이 어려운 일을 겪으면 가장 먼저 나서 도와주는 사람이었다. "제가 하겠습니다!" 그는 자신을 낮추며 먼저 나서거나 커피를 사 들고 와 동료들에게 나눠 주곤 했다. 동료들은 그를 회사에서 영업의 신, 선생님이라 불렀다.

그러나 그의 진짜 모습은 그리 단순하지 않았다. 수영은 자신의 이익을 위해 행동할 뿐 진심으로 누군가를 돕는 사람은 아니었다. 그리고 싶은 생각도 없었다. 그가 가진 모든 친절은 계산된 것이었고 그는 늘 스스로를 한발 앞선 위치에 두는 법을 알고 있었다.

어느 날, 회사에서는 영업부서 내에서 가장 중요한 프로젝트가 시작되었다. 해외 유수의 기업과 계약을 따내기 위한 이번 프로젝트는 회사의 운명을 좌우할 수도 있는 일이었다. 팀은 분주히 움직였고, 수영은 그 중심에서 늘 하던 대로 적극적인 태도를 보였다. 그는 기획서를 맡겠다고 나섰고 팀원들의 아이디어를 수집해 회의를 이끌었다.

하지만 그가 만든 기획서는 온전히 그의 작품이 아니었다. 밤새 자료를 조사하고 정리한 사람은 수영 팀의 에이스 박 대리였다. 박 대리는 팀 내에서도 가장 성실하고 능력 있는 직원으로 통했고 수영 역시 그녀의 실력을 잘 알고 있었다. 그래서 박 대리에게 이렇게 말했다.

"박 대리 밤새 자료 만드느라고 정말 고생 많았어. 첨부할 것 있으면 내가 몇 개 추가해서 발표할 테니까 그만 좀 쉬어."

박 대리는 오히려 자신을 배려하는 듯한 수영의 말에 감동을 받고 감사하다는 말을 건넸다.

수영은 박 대리의 자료를 그대로 가져다가 발표하였고 발표에 일가견이 있던 수영의 결과는 대성공이었다. 발표 당일, 고객사 임원들은 박 대리가 만든 기획서에 큰 감명을 받았고 계약은 성사되었다. 회사는 환호했다. "역시 수영 차장님!" 사람들은 그를 칭찬했고 그의 이름은 곧 상사들의 입에서도 자주 오르내렸다.

하지만 처음부터 끝까지 이 사실을 옆에서 지켜보고 있었던 박 대리는 그날의 일을 잊을 수가 없었다. 처음부터 끝까지 모두 그녀가 작성한 기획서였기 때문이다. 따로 팀장님께 제가 작성한 기획서라고 말하기엔 모

사람을 읽는 기술

두가 수영을 칭찬하고 치켜세우는 상황에 회사 전반적으로 잔치 분위기에 찬물을 끼얹는 것 같아 그렇게 할 수가 없었다.

그녀는 억울하고 씁쓸한 분노를 속으로 삭혀야만 했다. 팀원들은 알았다. 그 발표 자료가 사실은 박 대리 그녀의 노력으로만 이루어진 것임을. 그러나 아무도 나서서 이를 이야기하려 하지 않았다. 당사자도 가만히 있는데 괜히 내가 나서서 혹여 불이익을 받을까, 주변에서 오지랖 부린다는 소리를 들을까 모두가 눈치만 보여 조용히 있었다. 팀원들의 침묵은 수영의 입지를 더욱 공고히 했다.

며칠 뒤, 박 대리는 자신에게 점점 이상한 시선이 쏟아지고 있음을 느꼈다. 팀원들은 묘하게 그녀를 피했고 상사의 태도도 예전 같지 않았다. 그녀는 수영이 자신에 대해 뒷말을 하고 있다는 사실을 눈치챘다. 발표가 성공적으로 끝나 계약까지 따 냈지만 박 대리가 모든 기획서를 준비한 사실이 들통날까 두려웠던 수영은 교묘히 박 대리가 내 발표를 못마땅해하는 것 같다는 둥 뒤에서 박 대리의 뒷담화로 선수를 치고 있었기 때문이다.

화가 난 박 대리는 동료들에게 도움을 요청했다. 팀원들은 박 대리의 절박함에 결국 용기를 내기로 했다. 그들은 과거 프로젝트에서 수영이 공로를 빼앗아 갔던 사실을 증명하기 위해 자료를 모았다. 이메일 기록, 내부 메모, 메신저 대화 내용까지 캡처하여 박 대리를 도우려고 노력했다. 특히 동료 중 한 명은 수영이 했던 말을 몰래 녹음했다.

"결국 회사는 강한 자만이 살아남는 곳이야. 누군가가 밟히든 말든 내가 올라가는 게 중요한 거지."

결국, 모든 증거가 회사 핫라인 전달되었고 인사위원회는 수영을 불러 그의 행동을 추궁했다.

"수영 씨, 지금까지 모든 사람들이 당신을 믿어 왔는데 이런 식으로 동료를 이용하고 기회를 노리는 사람이었다니 실망스럽군요."

수영은 말문이 막혔다. 변명의 여지도 없었던 수영은 자신의 모든 행동이 들통났다는 사실에 얼굴이 창백해졌다. 그는 가벼운 징계로 끝이 났고, 박 대리의 요청으로 다른 사업부로 발령이 났지만 회사 내에서의 평판도 나락으로 떨어졌다.

이제 아무도 그와 협력하려 하지 않았다. 반면 박 대리는 동료들의 증언과 자료 덕분에 진정성과 실력을 인정받아 해외 지사 담당자로 발탁되었다. 수영은 결국 회사에서 입지를 잃고 조용히 회사를 떠났다. 그는 마지막 순간까지도 혼자 이렇게 중얼거렸다.

"리더는 다른 사람의 능력을 이용할 줄도 알아야 진정한 리더지, 패배의식에 찌들어 남 잘 되는 꼴 못 보는 너네들과 함께 일하기가 싫어서 간다."

하지만 그의 말에 답할 사람은 아무도 없었다. 진짜 성공은 순간의 기회를 잡는 것이 아니라 꾸준히 신뢰를 쌓는 데 있다는 사실을 그는 너무 늦게 깨달았다.

기회주의형 인간 대처법

기회주의형 인간과의 상호작용에서는 책임과 신뢰를 명확히 요구하는 것이 중요하다. 이들의 기회주의적 행동을 제한하려면 "이 프로젝트에서 맡은 역할에 대해 명확히 정의하고 성과를 공유합시다"와 같은 방식으로 책임을 분명히 하고 성과를 투명하게 관리해야 한다. 또한 그들의 행동 패턴에 주의 깊게 관찰하며 이중적 태도가 발견될 경우 이를 기록하거나

사람을 읽는 기술

명확히 인식시키는 것이 필요하다. 예를 들어 "그때는 찬성하셨다고 하셨는데, 지금은 다른 의견이네요. 이유를 설명해 주시겠어요?"와 같이 상황을 분명히 짚는 태도가 효과적이다.

기회주의적 행동이 정당화되지 않도록 긴밀한 소통을 유지하며 책임과 협력을 지속적으로 강조해야 한다. "모든 결정은 논의한 내용을 바탕으로 진행했으니 함께 책임을 나누어야 합니다"라는 접근은 책임 회피를 방지할 수 있다. 이들이 임의로 행동하지 않도록 명확한 원칙과 기준을 제시하고 이를 준수하도록 요구해야 한다. "이 과정에서 모두가 동일한 규칙을 따라야 공정성이 유지됩니다"라는 말은 팀 내 공정성과 협력을 강화하는 데 유용하다.

장기적인 결과와 책임의 중요성을 강조하며 당장의 이익보다 신뢰와 목표 달성을 중시하는 태도를 유도해야 한다. "당장의 성과도 중요하지만, 장기적으로 팀의 신뢰와 목표 달성이 더 중요합니다"라는 말은 그들의 행동 변화를 촉진할 수 있다.

만약 기회주의적 태도가 반복된다면 이들과의 관계에서 감정적으로 휘말리지 않도록 거리를 두는 것도 필요하다. "이 부분은 팀원들과의 협력을 통해 처리하도록 하겠습니다"와 같은 태도는 불필요한 갈등을 피하면서도 상황을 효과적으로 관리할 수 있는 방법이다. 이러한 접근은 기회주의적 행동을 최소화하고 책임감 있고 신뢰를 기반으로 한 협력적 환경을 조성하는 데 도움이 될 수 있다.

기회주의형 인간은 빠른 적응력과 실용적 접근으로 상황을 유리하게 활용할 수 있는 능력을 가지고 있지만 신뢰 부족과 이중적 태도로 인해 관계와 조직 내 갈등을 유발할 가능성이 크다.

이들과 함께 일하거나 생활할 때는 책임과 신뢰를 기반으로 한 소통과 행동을 유도하며 명확한 원칙과 기준을 설정하여 기회주의적 행동을 제한하는 것이 중요하다. 단기적 이익보다 장기적 신뢰가 더 가치 있다는 점을 인식하도록 돕는 것이 핵심이다.

•• #17 의존형 인간

스스로의 판단이나 결정보다는 타인의 능력과 도움에 지나치게 의존하며 행동하는 사람

의존형 인간은 자신의 결정을 내리거나 문제를 해결하기 위해 타인의 능력과 의견에 의존하는 경향이 강하다. 이들은 독립적인 판단보다 신뢰할 수 있는 사람이나 권위자의 지시에 따라 움직이며 책임을 회피하거나 실수를 두려워해 주도권을 잡으려 하지 않는다. 이러한 태도는 팀워크에서 때로는 유익할 수 있지만 반복되면 주변 사람들에게 부담을 주거나 성장의 기회를 놓치게 된다.

의존형 인간의 주요 특징으로는 의사결정을 회피하고 자신보다는 타인의 판단을 신뢰하며 결정을 미루는 경향이 있다. 결과에 대한 책임을 타인에게 전가하려는 책임 회피 성향을 보이며 상사나 전문가, 능력 있는 동료에게 지나치게 의존하는 권위 의존적 행동도 흔하다. 자신감을 부족하게 느껴 자신의 능력을 과소평가하고 실패를 두려워하며 팀 내에서는 협력보다는 수동적인 태도로 의견을 내기보다 지시에 따르려는 경향이 두드러진다.

이들의 행동은 몇 가지 긍정적인 효과를 가져올 수 있다. 타인의 능력을 존중하며 지시와 협력을 잘 따르는 협력적인 태도를 보이고 적절한 리더십 아래에서 책임감 있는 행동을 유도할 수 있다. 상대방의 능력과 강점을 빠르게 인식하여 이를 적극 활용하며 독단적인 결정보다는 타인의 의견을 따르기 때문에 충돌을 줄이고 갈등을 회피한다. 또한 팀워크 내에서 주도권을 잡기보다는 다른 사람의 지원 역할에 충실해 조화로운 역할을 수행한다.

그러나 이러한 태도에는 명확한 단점도 존재한다. 독립성이 부족하여 스스로 결정을 내리지 못하고 항상 타인의 의견에 의존함으로써 새로운 도전이나 책임을 회피해 발전 기회를 놓치는 경우가 많다. 잘못된 결과가 나올 경우에는 "내가 결정한 게 아니야"라며 책임을 피하려는 태도로 인해 신뢰를 잃을 위험이 있다. 주변 사람들에게 과도한 의존으로 피로감을 유발하며 의존이 반복되면서 자신의 능력을 믿지 못하는 악순환에 빠져 자신감 저하가 지속될 가능성이 크다.

의존형 인간은 자신의 장단점을 인식하고 독립적인 판단과 책임감을 키우는 연습이 필요하다. 타인의 도움을 받는 협력은 중요하지만 자신의 역할과 책임을 자각하여 성장과 발전을 추구하는 태도가 장기적으로 더 큰 성공을 가져올 수 있다.

의존의 껍질을 깨다

혜선은 언제나 친절하게 조언을 구하는 사람이었다. 어디에서든지 그녀는 친구들과의 사소한 약속을 정할 때조차 그는 다른 사람들의 의견을 먼저 물었다. 그의 동료들과 친구들은 그런 그의 태도를 조심스럽고 배려심 있는 사람으로 생각하였지만 그녀와 함께 보내는 시간이 많아질수록

사람을 읽는 기술

그 반복되는 의존성에 피로감을 느끼기 시작했다.

그녀가 다니는 복지관에서는 최근 큰 행사를 준비 중이었다. 팀원 모두가 아이디어를 내며 활기를 띠는 와중에도 혜선은 늘 뒷자리에 앉아 나에게 질문이 들어올까 조마조마한 마음으로 열심히 메모만 했다. 결국 팀장이 물었다.

"혜선 씨 생각은 뭐예요?"

그녀는 머뭇거리며 대답했다.

"어… 아직 생각 중인데, 다른 분들 의견이 다 괜찮아 보여서… 조금 더고민해 볼게요."

그녀의 대답에 팀장은 한두 번 겪는 게 아니라는 듯 당연하게 고개를 끄덕였고, 팀원들은 이미 익숙하다는 듯 대화를 이어 갔다. 혜선의 이런 태도는 회사뿐만 아니라 개인적인 삶에서도 드러났다. 친구들과 약속을 잡을 때도 그녀는 늘 이렇게 말했다.

"너희가 먹고 싶은 거 아무거나 괜찮아. 내가 결정하면 이상한 데 갈까 봐."

처음에는 친구들이 그녀를 배려하며 의견을 내줬지만 시간이 지나면서이런 말이 반복될수록 친구들은 점차 짜증이 났다.

"혜선아 너도 좀 생각해서 결정해 봐. 맨날 우리만 알아보고 정하는 건좀 아니잖아."

그러나 혜선은 늘 같은 말을 반복했다.

"난 너네들이 결정하는 게 더 좋아. 항상 마음에 들었어. 나는 잘 몰라서…"

혜선은 항상 속으로 불안했다. 자신의 판단이 틀릴까 봐, 내가 하는 게 맞는지 아닌지 답안지가 있었으면 좋겠다고 생각했다. 그녀는 그녀의 선택과 능력을 자신이 제일 의심하고 있었다. 출근하기 전날 잠들기 전에는 항상 이런 고민들로 인하여 밤마다 잠을 이루지 못했다. 그녀는 결국 매일 아침 진행하는 팀 회의에서 팀원들에게 말했다.

"팀원 분들이 내준 아이디어가 다 훌륭해서 제가 하나를 고를 자신이 없어요. 그러니까… 투표로 결정하는 게 어떨까요?"

하지만 팀원들은 그 제안에 냉담했다.

"혜선 님, 항상 우리가 의견을 냈으니 혜선 님도 고민해서 아이디어 좀 하나 내주세요. 그게 혜선 님의 역할 아닙니까?"

혜선은 더 이상 도망칠 수 없음을 느꼈다. 그녀는 결국 팀원 중 한 명이 낸 아이디어를 그대로 말하고는 본인도 그렇게 생각하고 있었다는 말을 뱉어버렸다. 그녀는 며칠 동안 고민하다 결국 가장 신뢰하는 팀 선배에게 다가가 조언을 구했다.

"선배님, 제가 어떤 선택을 해야 할지 정말 모르겠어요. 그냥 선배님이 말씀하시는 걸 따를게요."

선배는 잠시 침묵하더니 이렇게 말했다. "혜선아, 이건 네가 선택하고 실행해야 할 것들이야. 그 역할을 위해 네가 조직에 존재하는 거고. 내 조언을 듣고 싶어 하는 건 알겠지만 매번 다른 사람의 의견에 의존하다 보면 아무도 너의 존재를 인정하지 않게 될 거야. 잘못된 선택을 하더라도 당당하게 그 책임을 받아들이는 것이 사회에서 네가 성장하는 길이라고 생각해."

그날 밤, 혜선은 오랫동안 고민했다. 그리고 처음으로 스스로 결정을 내렸다. 다음 날 역시 반복되는 팀 회의에서 혜선은 자신의 선택을 발표하

사람을 읽는 기술

며 말했다.

"제 판단이 맞을지 틀릴지 모르겠지만, 우선 사업은 이 방향으로 진행해 보겠습니다. 결과에 대한 책임은 제가 지겠습니다."

팀원들은 처음엔 놀랐지만 곧 긍정적인 반응을 보이며 혜선의 선택을 응원했다. 프로젝트는 순조롭게 진행되었지만 모든 업무를 타인에 의존해온 혜선이 감당하기에는 너무 버겁고 어려웠다.

이 모든 것을 옆에서 지켜보고 있었던 팀장은 속으로 생각했다. 항상 타인에 의존하며 살아왔던 혜선이 본인의 실력을 더 키우는 것이 혜선의 삶에 더 도움이 될 것이라고.

의존형 인간 대처법

책임감을 효과적으로 분배하고 독립성을 키우기 위해서는 역할과 책임을 명확히 하는 것이 중요하다. "이 부분은 당신이 맡은 역할이니 스스로 해결해 보시면 좋겠어요"와 같은 말로 자율성을 강조하면서도 책임감을 부여해야 한다. 처음부터 큰 결정을 맡기기보다는 작은 과제를 통해 성취감을 느끼게 하며 "이번에는 간단한 이 부분을 먼저 해 보고 잘 안 되면 함께 도와줄게요"라는 접근으로 부담을 줄이고 성공의 기회를 제공하는 것이 좋다.

의사결정 과정에서 적극적으로 참여를 유도하며 의견을 묻고 책임감을 느끼도록 격려하는 것도 효과적이다. "당신은 이 상황에서 어떤 방법이 가장 좋을 것 같나요?"와 같은 질문은 스스로 판단하고 행동할 수 있는 환경을 조성하고 스스로 결정한 결과에 대해 칭찬과 긍정적인 피드백을 제공하며 자신감을 키우는 것이 필요하다. "당신이 선택한 방법이 정말 효과적이었어요. 아주 잘했어요!"라는 칭찬은 긍정적인 동기를 부여할 수 있다.

지나친 도움 요청에 대해서는 적당히 선을 그으며 독립성을 키우도록 유도해야 하며 "제가 계속 도와드릴 수는 없으니, 이번에는 스스로 해결해 보세요"라는 말은 스스로 문제를 해결하려는 태도를 기르는 데 도움이 된다. 마지막으로 장기적인 성장 목표를 제시하여 현재의 의존적 행동이 자신의 성장에 한계를 가져올 수 있음을 인식하게 해야 한다. "이런 결정을 스스로 해내는 연습을 하면 앞으로 더 큰 역할도 맡을 수 있을 거예요"라는 말은 독립적인 태도를 갖추는 데 필요한 동기를 제공할 수 있다.

이러한 접근은 책임감과 독립성을 동시에 키우며 개인의 성장과 팀의 효율성을 높이는 데 효과적이다. 능력 의존형 인간은 타인의 도움을 잘 받아들이는 협력적인 태도를 지니고 있지만 독립성과 자신감 부족으로 인해 개인의 성장과 관계에서 한계를 느낄 수 있다.

이들과 함께할 때는 작은 성공 경험과 책임감을 통해 자신감을 키우도록 유도하고 점차 독립적인 의사결정을 할 수 있는 환경을 제공하는 것이 중요하다. 타인의 도움에 의존하기보다 자신의 능력을 믿고 활용할 때 진정한 성장이 가능하다.

•• #18 아첨형 인간

비위를 맞추고 칭찬을 남발하며 관심과 호의를 갈구하는 사람

아첨형 인간은 타인의 호감을 얻기 위해 과도한 칭찬과 비위를 맞추는 데 그치지 않고 아첨 대상이 싫어하거나 불편해하는 사람을 적극적으로 비판함으로써 자신의 입지를 강화하려 한다. 이들은 단순히 좋은 인상을 주는 데 그치지 않고 상대방의 감정을 활용해 경쟁자를 낮추고 자신을 더 돋보이게 만드는 방식으로 행동한다. 그러나 이러한 태도는 관계에서 진정성을 떨어뜨리고 결국 신뢰를 잃을 위험을 초래할 수 있다.

아첨형 인간의 주요 특징으로는 지나친 칭찬과 동조를 통해 상대방의 모든 의견과 행동을 과도하게 칭찬하며 동조하는 경향이 있다. 아첨 대상이 싫어하는 사람을 적극적으로 비판하며 대상의 비위를 맞추고 상대방의 기분을 조정하기 위해 다른 사람을 깎아 내리는 의도적 관계 조작을 보여 준다. 특정 상황에서만 비판하거나 칭찬하며 자신의 위치를 강화하려는 상황 중심적 태도와 상대방의 호감을 얻기 위해 자신에게 불리한 사람들과의 관계를 희생하는 관계 편향도 드러난다.

이들의 행동은 긍정적인 측면도 있다. 상대방의 기분과 필요를 빠르게 파악하며 긍정적인 이미지를 만드는 관계 유지 능력과 직접적인 대립을 피하며 상황을 부드럽게 관리하는 갈등 회피 능력을 발휘한다. 또한 다양한 상황과 사람에 유연하게 대처하며 자신의 이익을 극대화하는 적응력과 상대방의 기분과 생각을 잘 읽고 이에 맞춰 행동하는 타인의 감정 파악 능력도 강점으로 작용한다. 중요한 사람의 요구에 민첩하게 반응하는 대상 중심적 행동력도 이들의 장점이다.

그러나 단점 또한 명확하다. 과도한 칭찬과 비위를 맞추는 행동으로 인해 신뢰를 잃을 가능성이 높아지고 깊이 있는 관계 형성보다 단기적인 호감에 집중하는 관계의 피상성이 문제로 작용한다. 경쟁자를 비판하며 부정적인 분위기를 조성하고 경쟁자 비판이 드러날 경우 대상과 다른 사람들 간의 갈등이 심화될 위험이 있다.

아첨 대상도 시간이 지나면 그들의 의도를 파악하고 거리를 두게 되며 이는 장기적인 신뢰 손실로 이어질 수 있다. 아첨형 인간은 단기적으로 긍정적인 이미지를 형성할 수 있지만 장기적으로는 관계의 진정성과 신뢰를 손상시킬 위험이 크다. 주변 사람들과의 관계에서 균형을 유지하고 신뢰를 바탕으로 행동하는 태도를 통해 더 나은 관계를 구축할 필요가 있다.

비판과 아첨으로 쌓아 올린 탑

어렸을 적 또래보다 몸이 작고 약했던 정연은 그녀만의 생존 법칙을 일찍 깨달았다. 바로 말싸움 좀 한다는 동네 언니들이 그녀의 보호막이었기 때문이다. 작지만 나름 동네 남자 애들에게 인기가 있었던 그녀는 예쁘장한 얼굴로 같이 어울리는 언니들에게 아첨하며 그녀가 얻어 낸 것들은 항상 그녀가 생각하는 것 이상으로 돌아왔다. 또래 여자애들 사이에서 그녀

사람을 읽는 기술

는 무서운 언니들과 어울리는 일진이라는 아이였다.

성인이 된 정연은 비상했던 머리로 대학도 잘 갔고 예뻤던 그녀의 얼굴은 면접이라는 경쟁 속에서 큰 무기로 작용했다. 회사 생활 어느덧 5년, 정연은 직속상관에게 잘 보여 다른 사람보다 더 빨리 승진하고 싶었다. 그 이유는 나는 남들과 다르고 싶은 강한 욕구와 더 능력 있는 사람으로 보여지고 싶었기 때문이다.

하지만 그녀가 선택한 방법은 다른 사람의 능력을 인정하지 않고 깎아내리며 상사의 비위를 맞춰 자신을 돋보이게 하는 것이었다. 그녀는 주로 상사의 비위를 맞추며 자신이 싫어하는 사람들을 상사의 뒷담화를 하는 사람들로 상사에게 이간질을 시켰다. 처음에는 효과가 있었고 상사는 자신이 쪼잔한 사람이 되는 게 싫어 사실 확인을 하지 않고 그들에게 불이익을 주었다.

시간이 흐를수록 정연의 한마디에 상사는 이리저리 휘둘리기 시작했고 정연에게는 상사를 조종하는 보이지 않는 권력이 생기기 시작했다. 시간이 지날수록 그녀의 행동은 주변 사람들과의 관계를 어긋나게 만들었다. 정연은 회사에서 누구보다 인정받고 싶었다. 그녀는 동료 신 과장과 비슷한 역할을 맡고 있었지만 늘 자신이 더 나은 사람임을 증명하고 싶었다.

회의가 끝난 후 팀장에게 조심스럽게 말을 꺼냈다.

"팀장님, 신 과장이 이번 보고서에서 실수를 한 부분이 있더라고요. 이런 중요한 프로젝트는 꼼꼼하게 준비했어야 하는데 제가 봤을 땐 오류가 많이 있는 것 같아요. 제가 다시 준비해서 보고드려도 될까요?"

처음에는 팀장이 고개를 끄덕이며 긍정적인 반응을 보였다. 정연은 자신이 올바른 전략을 택했다고 생각했다. 하지만 시간이 지날수록 사람들은 그녀의 이런 행동들이 눈에 보였고 비판하기 시작했다.

"김 대리는 항상 중요한 순간에 실수를 하는 것 같아요. 일 끝나면 매일 좋은 곳에 놀러 가는 것 같던데 놀 시간은 있으면서 준비할 시간은 부족한가 봐요 호호호,, 제가 수정해서 발표해 보겠습니다."

팀장은 점점 정연의 말을 의심하기 시작했다. 김 대리의 실수는 크게 문제 될 수준이 아니었고 오히려 팀장이 봤을 땐 완벽하진 않지만 꾸준하게 잘 하고 있었기 때문에 정연의 비판은 과장된 것처럼 느껴졌기 때문이다. 팀장은 정연의 신뢰를 조금씩 잃어 갔지만 정연은 여전히 자신의 전략이 잘 통하고 잘하고 있다고 믿었다.

퇴근 후, 정연은 친구들과의 모임에 참석했다. 그녀는 친구 A와 더 가까워지고 싶었기에 A가 불편해하는 친구 B에 대해 은근히 비판하기 시작했다.

"B는 참 자기중심적이지 않아? 너처럼 배려심 있는 사람과는 다르게 행동하더라."

A는 정연의 말에 고개를 끄덕이며 동조했다. 정연은 자신이 A의 신뢰를 얻었다고 확신했다. 하지만 시간이 지나면서 A는 다른 친구들로부터 정연이 자신에게도 비슷한 방식으로 B를 비판했다고 들었다.

"정연이가 너한테만 그런 말 한 게 아니야. 나한테도 똑같은 얘기를 했더라."

A는 점점 정연을 경계하기 시작했고 두 사람 사이의 관계는 서서히 멀어져 갔다. 정연은 이유를 알지 못한 채 A가 자신에게서 마음이 멀어졌다는 사실에 혼란스러워했다.

주말, 정연은 가족 모임에 참석했다. 그녀는 배우자와 친밀한 관계를 유지하고 싶었지만 그 방법 또한 상대를 깎아 내리며 자신을 돋보이게 하는 방식이었다.

"나는 항상 당신 의견에 동의해. 그런데 당신 동생이 하는 말은 정말 현실 감각이 없는 것 같아. 당신처럼 똑똑하지 않아서 그런가 봐."

처음엔 배우자는 그녀의 말에 고마움을 느꼈지만 반복되는 비판은 가족 간의 갈등을 키웠다. 배우자의 동생은 점점 정연과의 대화를 피하기 시작했고 가족 모임은 서먹해졌다. 배우자도 정연의 편향된 비판이 갈등의 원인임을 깨닫기 시작하면서 두 사람 사이의 거리감이 생기기 시작했다.

정연의 일상은 아첨과 비판 사이에서 균형을 잃은 채 반복되었다. 직장에서 친구들 사이에서 가정에서 그녀는 상대방의 비위를 맞추고 다른 사람을 깎아 내리며 자신을 돋보이려 했다. 그러나 시간이 지날수록 주변 사람들은 그녀의 진심을 의심하기 시작했고 정연은 점점 고립되었다.

어느 날, 정연은 팀장에게 불려 가 이야기를 들었다.

"정연 님, 다른 사람의 실수를 지적하기 전에 스스로의 강점으로 인정받아 보는 건 어떨까요? 당신의 능력을 더 보고 싶습니다."

윗사람에게 그 말은 정연에게 큰 충격이었다. 자신이 그동안 쌓아 올린 탑이 무너지는 것 같은 느낌이 그녀를 짓눌렀다. 그녀는 자신이 다른 사람을 깎아 내리고 아첨했던 이유를 곰곰이 생각했다. 그리고 깨달았다. 인정받고 싶은 마음이 너무 커져 자신을 진실되지 못하게 만들었다는 것을.

아첨형 인간 대처법

아첨형 인간에 대해 진정성 있는 칭찬과 피드백을 유도하기 위해서는 칭찬과 비판 모두 진솔하게 표현하도록 돕는 것이 중요하다. 단순히 아첨에 의존하지 않도록 "당신이 이렇게 칭찬을 많이 하시는 건 좋지만 진솔한 피드백도 가끔은 필요할 것 같아요"라는 조언을 통해 진정성을 강조할 수 있다.

또한 공정한 태도를 유지하도록 돕고 특정 대상을 깎아 내리거나 편향된 비판을 하지 않도록 유도하며 "그분도 나름의 장점이 있지 않을까요? 객관적으로 봤을 때는 이런 점이 좋을 수도 있어요"와 같은 균형 잡힌 관점을 제시하는 것이 효과적이다.

단기적인 이익보다 관계의 장기적 신뢰와 성장이 더 중요하다는 점을 상기시키며 "지금은 효과적일지 몰라도 시간이 지나면 다른 사람들에게 의도를 오해받을 수 있어요"라는 말을 통해 장기적 관점의 중요성을 강조해야 한다. 긍정적인 대화 방식을 도입하여 경쟁자를 비판하기보다 자신만의 강점을 강조하도록 유도한다. "다른 사람들을 비판하기보다 당신만의 강점과 성과를 더 부각하면 좋을 것 같아요"라는 접근은 대화를 더욱 긍정적으로 전환할 수 있다.

자기주장과 공감의 균형을 유지하며 상대방의 호감을 얻으려는 행동보다는 자신의 의견을 명확히 표현하면서도 공감을 유지하도록 돕는 것도 필요하다. "당신의 입장도 이해하지만 제 생각은 조금 다릅니다. 제 의견도 들어주시면 좋겠어요"라는 말은 건강한 소통을 가능하게 한다.

마지막으로 장기적인 신뢰의 중요성을 강조하며 "칭찬과 비판은 적절히 섞여야 더 신뢰를 받을 수 있어요. 그게 관계를 오래 유지하는 방법이에요" 같은 조언은 관계를 신뢰를 바탕으로 발전시키는 데 필요한 방향을 제시하고 이러한 접근은 대화와 관계를 더욱 진정성 있고 지속 가능하게

사람을 읽는 기술

만들어 준다.

  아첨형 인간은 관계를 유지하고 자신을 돋보이게 하려는 행동으로 단기적인 호감을 얻을 수 있지만 경쟁자를 깎아 내리며 비위를 맞추는 행동은 관계의 신뢰를 훼손할 수 있다. 이들과 함께할 때는 진정성 있는 태도와 공정한 판단의 중요성을 강조하고 타인의 비판 대신 자신의 강점을 통해 관계를 구축하도록 유도하는 것이 중요하다. 장기적으로는 신뢰와 진솔함이 관계를 강화하는 열쇠임을 인식시켜야 한다.

제6장

감정의 파도에 흔들리는 사람들
변화무쌍한 감정으로 주변을 휘젓는 인간들

•• #19 감정기복형 인간

감정의 변화 폭이 크고 기분에 따라 행동과 태도가 급격히 변하는 사람

감정기복형 인간은 기분이 좋을 때는 매우 열정적이고 활기차지만 부정적인 감정을 느끼는 순간 급격히 냉담해지거나 예민해진다. 이들의 감정은 외부 자극에 민감하게 반응하며 하루에도 여러 번 태도와 분위기가 달라질 수 있다. 이런 특성 때문에 주변 사람들은 혼란스러움을 느끼고 관계에서 어려움을 겪기도 한다.

감정기복형 인간의 주요 특징으로는 감정 변화의 폭이 크고 빈도가 잦으며 주변 환경이나 사람들의 말에 감정적으로 쉽게 반응하는 경향이 있다. 기분이 좋을 때는 열정적이고 사교적이지만 나쁠 때는 냉담하고 예민해지는 양상을 보인다. 또 상황에 따라 말과 행동이 극단적으로 달라질 수 있으며 갈등 상황에서 감정을 잘 조절하지 못해 문제를 키우기도 한다.

이들의 장점으로는 기분이 좋을 때 매우 활기차고 열정적으로 관계와 업무에 몰입하는 강렬한 열정과 타인의 감정에 깊이 공감하고 배려하는 높은 공감 능력이 있다. 감정의 변동이 강한 만큼 이를 창의적 아이디어나 행동으로 표현하기도 하며 좋은 감정 상태에서는 주변 사람들에게 긍정적인 에너지를 전달할 수 있다. 기분이 좋을 때는 유머러스하고 매력적인 태도로 주목받는 강한 인간적 매력도 발휘한다.

하지만 단점도 분명하다. 작은 자극에도 감정적으로 크게 반응하며 주변 사람들에게 혼란을 주는 감정적 불안정성과 기복이 큰 태도로 인해 주변 사람들이 피로감을 느끼게 하는 관계의 피로감 유발이 있다.

감정에 따라 판단과 태도가 달라져 신뢰를 잃을 가능성도 있으며 기분이 나쁘면 주변 분위기를 무겁게 만들거나 갈등을 증폭시키는 분위기 좌우의 문제도 있다. 감정을 조절하지 못해 스스로도 심리적 피로와 스트레스를 겪는 자기소모도 단점 중 하나다.

감정기복형 인간은 자신의 감정을 인식하고 조절하는 훈련이 필요하며 주변 사람들과의 관계에서 안정감을 유지하려는 노력이 중요하다. 이러한 노력이 관계의 신뢰를 구축하고 긍정적인 영향력을 확대하는 데 기여할 것이다.

감정의 롤러코스터

다애는 성형외과 병원에서 코디네이터 실장으로 일하고 있었다. 상담이 계약으로 이어지는 실적이 그녀의 능력을 평가받는 유일한 길이었기 때문에 그녀는 항상 고객과의 상담에 최선을 다하고 있었고 계약이 잘 이루어지지 않는 날에는 업무에 대한 압박이 그녀를 덮치곤 했다.

어느 날 아침 VIP 고객이 참여하는 중요한 미팅이 있었다. 미팅 직전 다애는 출근길에 겪은 교통 체증과 함께 어머니로부터 온 걱정스러운 문자를 받았다.

"다애야 네 동생이 이번에도 취업에 실패했다더라. 네가 이번에는 동생 좀 도와줄 수 없겠니? 네가 누나니까 동생 좀 챙겨 줬으면 좋겠구나."

이 짧은 문자가 그녀의 기분을 뒤흔들었다.

"나도 바빠 죽겠는데 내가 언제까지 동생을 챙겨야 해?… 정말 짜증나…"

고객과의 미팅이 시작되었고 고객이 시술 일정에 대한 변경을 갑작스럽게 요청했다.

"선생님, 제가 이날은 갑자기 일이 생겨 안될 것 같은데 다음 주로 미룰수 있을까요?"

다애는 순간적으로 짜증과 불쾌감을 느꼈다. 그녀는 신경질 섞인 말투로 대답했다.

"원장님 스케줄도 있는데 일정을 그렇게 쉽게 바꾸면 전체 스케줄이 틀어질 수도 있어요. 그런 일이 있으면 사전 전화 상담 때 미리 그날이 가능할 것 같다고 말씀을 주셔야죠."

그녀의 날카로운 반응에 상담실의 분위기가 얼어붙었다.

강남에서 매우 유명한 병원인지라 별다른 수가 없었던 고객은 당황한 표정을 지으며 알겠다고 그 날로 날짜를 맞춰보겠다고 말하곤 조용히 돌아갔다. 그날 오전, 같이 일하는 병원 직원들은 이 같은 사실을 알고는 다애의 눈치를 보며 그녀와의 대화에 신중을 기했다.

점심시간이 되자 다애는 갑자기 기분이 좋아졌다. 아침의 날카로운 모습을 내려놓고 직원들과 함께 식당으로 향했다. 식사 도중 그는 유머러스한 이야기를 하며 팀원들에게 웃음을 주었다.

"어제 회사 근처 오마카세에 갔었는데 진짜 맛있었어요! 꼭 가보세요! 완전 존맛탱!!"

그녀의 밝은 태도에 직원원들은 안심하며 대화에 참여했다. 하지만 이

내 다애는 휴대전화 알림 소리에 표정이 어두워졌다.

"또 무슨 문제야?"

다애는 혼잣말처럼 중얼거리며 전화를 확인했다. 어머니의 추가적인 부탁이었다. 그녀는 갑자기 말수를 줄이며 침묵했고 직원들은 그녀의 갑작스러운 변화에 당황했다. 점심시간의 분위기는 그녀가 떠난 후에도 무거웠고 직원들은 하루 종일 신경질적인 다애의 눈치를 보며 일을 할 수밖에 없었다.

퇴근 후 다애는 어머니와 통화를 했다.

"엄마, 왜 매번 나한테만 동생 일을 해결하라고 해요? 저도 제 일로 충분히 바쁘잖아요. 동생도 성인인데 자기 능력에 맞는 회사에 지원하면 될 것을 무리해서 좋은 곳만 지원하니까 맨날 떨어지는 거잖아요."

어머니는 한숨을 쉬며 대답했다.

"네가 그래도 동생보다 나으니까 동생을 좀 도와줘야지. 동생이 잘 되면 우리 모두 좋잖아… 네가 시간 날 때 동생한테 연락해서 동생 좀 한 번만 도와줘…"

다애는 짜증이 치밀어 올랐지만 결국 대화를 서둘러 마무리했다. 그녀는 자신이 가족의 기대와 직장에서의 압박 사이에서 점점 지쳐가고 있음을 느꼈다. 동시에 다애와 함께 하는 직원들 또한 다애의 롤러코스터 같은 감정의 기복으로 인하여 지쳐 가고 있었다.

감정기복형 인간 대처법

감정 변화가 심한 사람들과 효과적으로 상호작용하려면 그들의 감정

기복을 예측하고 미리 대처 방안을 준비하는 것이 중요하다. 변화가 예상되는 상황에서는 "지금 조금 예민해 보이는데 잠깐 쉬었다가 얘기할까요?"와 같은 방식으로 긴장을 완화하고 대화를 이어갈 적절한 타이밍을 조율할 수 있다. 동시에 그들의 기분 변화에 과도하게 휘둘리지 않도록 일정한 태도로 대처하며 "알겠어요. 하지만 이건 꼭 해결해야 하니 상황이 나아지면 다시 얘기해요"와 같이 침착함을 유지하는 것이 필요하다.

반대로 감정 기복이 주변 사람들에게 미치는 영향을 인지하게 하며 감정 조절의 필요성도 부드럽게 전달해야 한다. "기분이 안 좋으신 건 이해하지만 조금 더 차분히 말씀해 주시면 좋겠어요"라는 조언은 그들이 자신의 태도를 돌아보게 할 수 있다. 감정의 기복이 심할 때는 감정을 발산할 수 있는 공간과 시간을 제공하는 것도 중요하다. "잠시 쉬고 다시 이야기 나눠도 괜찮을 것 같아요"와 같은 제안은 과도한 압박을 피하면서도 감정을 정리할 시간을 제공한다.

마지막으로 감정 변화의 원인을 파악하고 스트레스를 해소할 수 있는 대화를 유도해야 한다. "요즘 무슨 일이 있었나요? 저한테 말해 주시면 조금이라도 도움을 드릴게요"라는 말은 그들의 스트레스를 이해하고 해결 방향을 모색하는 데 도움을 줄 수 있다. 이러한 접근은 감정 기복을 효과적으로 관리하고 더 안정적이고 긍정적인 상호작용을 가능하게 한다. 감정기복형 인간은 긍정적인 상태에서는 주변에 활기를 불어넣지만 부정적인 감정 상태에서는 관계와 분위기를 어렵게 만들 수 있다.

이들과 함께 생활할 때는 감정 변화를 예측하고 차분하게 대응하며 긍정적인 에너지를 유지할 수 있는 환경을 만들어 주는 것이 중요하다. 그들이 감정을 조절할 수 있도록 적절한 피드백과 지원을 제공해 기복을 줄이고 안정적인 관계를 유지하는 것이 핵심이다.

감정은 자연스러운 것이지만 조절의 중요성을 깨닫게 하는 과정이 필요하다.

•• #20 이상주의형 인간

현실보다는 자신의 희망적 사고와 이상적인 상상에 의존하며 항상 긍정적인 결과를 기대하는 사람

이상주의형 인간은 현실적인 제약보다는 자신이 꿈꾸는 이상적인 상황에 집중하며 긍정적인 결과를 당연히 여기는 경향이 있다. 이들은 자신감과 희망을 바탕으로 도전하지만 현실을 간과해 실질적인 준비와 계획이 부족한 경우가 많다. 이들의 긍정적 에너지는 주변에 활력을 주기도 하지만 무모한 행동으로 갈등이나 실망을 초래할 수 있다.

이상주의형 인간의 주요 특징으로는 현실보다 자신이 바라는 이상적인 결과에 집중하는 이상주의적 사고와 실질적인 어려움보다는 긍정적인 가능성만을 강조하는 결과에 대한 과도한 낙관이 있다. 구체적인 실행 계획 없이 목표를 추구하려는 계획 부족과 도전에 따른 위험 요소를 간과하거나 축소하는 리스크 무시도 특징이다. 항상 밝고 긍정적인 분위기를 유지하며 주변에 활력을 주는 활기찬 태도도 드러난다.

이들의 긍정적인 면으로는 긍정적 기대를 통해 자신과 주변 사람들에게 의욕과 에너지를 제공하는 높은 동기 부여와 실패를 두려워하지 않고 새로운 기회를 찾으려는 적극적인 도전 태도가 있다. 팀이나 그룹 내에서 희망적인 비전을 제시하며 긍정적 분위기를 형성하는 낙관적 리더십과 어려움 속에서도 긍정적 사고를 유지하며 쉽게 좌절하지 않는 스트레스 저항력도 강점이다. 현실적 제약을 넘어서는 아이디어와 가능성을 탐구하는 창의적인 사고도 이들의 장점이다.

그러나 단점도 분명하다. 이상적인 결과에만 집중해 실질적인 준비나 분석이 부족한 현실 감각 부족과 기대가 지나치게 높아 목표를 이루지 못할 경우 주변의 실망감을 증가시키는 실망과 갈등 초래가 있다. 실패를 외부 요인이나 예상치 못한 상황으로 돌리는 책임 회피 경향과 위험 요소를 과소평가하거나 준비 없이 도전에 나서는 과도한 리스크 감수도 문제로 작용할 수 있다. 큰 그림에는 능숙하지만 세부적인 실행에는 약한 경향인 구체성 부족도 단점 중 하나다.

이상주의형 인간은 자신의 긍정적인 태도를 유지하면서도 현실적인 준비와 계획을 보완하려는 노력이 필요하다. 이를 통해 자신과 주변 모두에게 긍정적이고 지속 가능한 영향을 미칠 수 있을 것이다.

꿈과 무모함의 경계

우석은 회사에서 인정받는 인재였지만 자주 낙관적 환상에 사로잡히는 경향이 있었다. 그는 항상 새로운 사업 아이디어에 흥미를 느꼈고 최근에는 블록체인에 큰 가능성을 봤다. 가족과 저녁 식사 자리에서 그는 열정적으로 말했다.

"블록체인 시스템은 앞으로 반드시 대세가 될 거야! 지금 투자하면 몇 년 안에 엄청난 수익을 낼 수 있어 이건 시대적으로 놓칠 수 없는 기회야!"

하지만 그의 아내는 회의적인 표정을 지었다.

"당신 지난번에도 그런 말 했잖아요. 하지만 가족을 위해서 안정적인 직장 생활을 지속해서 했으면 좋겠어요…"

우석은 그녀의 말을 흘려듣고 이렇게 덧붙였다.

"이번엔 달라. 내가 전문가도 만나봤고 인터넷에서 성공 사례도 많이 찾아봤어. 우리 가족이 더 잘 살자고 나도 이렇게 고민하는 거라고!"

며칠 후 우석은 오랜 친구들과의 모임에서 자신의 투자 계획을 이야기했다. 그는 낙관적인 태도로 말했다.

"블록체인 사업은 이 시대에 블루오션이라고! 나랑 같이 투자하면 절대 후회하지 않을 거야. 이 사업은 사람들이 몰라서 그렇지 생각보다 안정적이고 장기적으로도 아주 유망해. 우리 다 같이 성공할 수 있는 기회라고 생각한다!"

하지만 친구들 중 한 명이 조심스럽게 물었다. "네가 이 사업을 잘 이해하고 있는 건 맞아? 블록체인을 뭐 어떻게 하는 건데? 구체적으로 이야기를 해 줘. 무슨 말인지 도무지 잘 이해가 안 돼… 위험 요소는 충분히 고려해 본 거야?"

우석은 불쾌한 기색을 감추지 못하며 대답했다.

"넌 왜 항상 이렇게 부정적이야? 성공하려면 때로는 위험을 감수해야지. 난 이게 무조건 성공할 수 있다고 느껴."

친구들은 무슨 말을 해야 할지 몰랐다. 그의 꿈을 알겠지만 뭘 어떻게 사업을 진행할 건지 계획에 대한 이야기는 전혀 없었다. 이후 대화는 어색한 분위기로 이어졌고 친구들은 우석의 낙관주의가 지나치게 현실을 무시하고 있다는 점을 우려했다.

몇 달 후, 우석은 본인이 사업에 뛰어들지 않고 빚을 내 본인이 생각했던 사업과 유사한 프로젝트에 가족 몰래 투자하였다. 투자 사업은 기대와 달리 수익을 내지 못했다. 우석의 기대와는 다르게 흘러가는 시장 상황과 제도적의 문제가 겹쳐 프로젝트는 지지부진했고 결국 프로젝트의 존망은 알 수가 없었다.

우석은 투자금은 매일 손실을 기록하며 원금도 못 찾을 위기에 처하게 되었다. 우석은 가족들에게 미안한 마음으로 사실대로 이야기했다.

"조금만 더 기다려 보면 상황이 나아질 거야. 이건 그냥 초기의 어려움일 뿐이야. 남들이 모를 때 투자를 해야 나중에 큰 이익을 볼 수 있어."

아직도 우석은 이상적인 희망을 갖고 있었다. 하지만 그의 아내는 냉정하게 대답했다.

"당신이 항상 이렇게 낙관적으로만 생각하면서 현실을 외면하니까 이런 일이 생기는 거예요. 최소한 상의라도 했으면… 그 많은 빚을 다 어떡하려고 그래요 정말…"

우석은 시간이 지날수록 초조해지기 시작했고 이자도 내기 어려운 상황에 처하자 친구들에게 몇 달만 기다리면 이 프로젝트는 다시 대박을 칠 거라며 도움을 요청했지만 친구들은 그의 말에 회의적이었다.

"그때 우리가 너 말을 듣고 같이 투자했으면 우리 모두 힘들어졌을 거야."

한 친구는 이렇게 말했다.

"넌 너무 급하게 판단하고 다른 사람의 의견을 듣지 않는 것 같아."

친구들은 조금씩 돈을 모아 우석에게 전달했지만 우석의 빚을 모두 갚기엔 역부족이었다. 우석은 자신이 가족과 친구들에게 얼마나 큰 실망을 안겼는지 깨닫게 되었지만 이걸로 조금만 더 버티면 프로젝트는 무조건

사람을 읽는 기술

성공할 거라는 믿음의 끈을 꽉 잡고 있었다. 가족들의 걱정과 우려는 뒤로한 채.

이상주의형 인간에 대한 대처법

이상적인 아이디어를 현실적으로 구현하도록 돕기 위해 현실 검증을 유도하며 구체적인 계획과 데이터를 기반으로 접근하도록 조언하는 것이 중요하다. "정말 좋은 아이디어인데 구체적으로 어떻게 실행할지 한번 더 생각해 볼까요?"와 같은 질문은 아이디어를 실질적인 계획으로 전환할 수 있는 동기를 제공한다. 또한 긍정적인 가능성뿐만 아니라 잠재적인 리스크도 함께 고려하도록 유도하며 "이 방향이 정말 좋지만 혹시 이런 문제가 생긴다면 어떻게 해결할 계획이세요?"라는 말로 균형 잡힌 사고를 도와줄 수 있다.

큰 그림에서 세부적인 실행 계획으로 초점을 옮기며 "이 비전은 훌륭해요. 그런데 첫 번째 단계는 무엇부터 시작해야 할까요?"와 같은 질문을 통해 구체적이고 실현 가능한 목표를 설정하게 해야 한다. 긍정적인 에너지를 현실적인 목표로 연결하며 "지금도 충분히 긍정적이세요. 여기에 현실적인 목표를 추가하면 더 완벽할 것 같아요"라는 말을 통해 낙관적인 태도를 유지하면서도 실행력을 높일 수 있다.

실패 가능성을 부드럽게 언급하며 대안을 준비하는 것도 중요하다. "혹시 계획대로 안 되더라도 그 경험을 통해 배울 점이 많을 거예요"와 같은 조언은 실패를 두려워하지 않고 학습의 기회로 삼게 한다. 마지막으로 팀워크와 협력을 강조하며 주변 사람들의 의견과 피드백을 수용하도록 독려해야 한다. "팀원들의 다양한 의견을 들어 보면, 계획을 더욱 탄탄하게 만들 수 있을 거예요"라는 말은 협력을 통해 계획의 완성도를 높이는 데 도움을 줄 수 있다.

이러한 접근은 이상적인 아이디어를 실현 가능한 결과로 이어지게 하고 지속적인 성장과 발전을 촉진한다. 이상주의적 인간은 긍정적인 에너지와 희망을 통해 주변에 활력을 불어넣는 중요한 역할을 하지만 현실을 간과하면 실패와 실망을 초래할 수 있다.

이들과 함께할 때는 낙관적 사고를 유지하되 현실적 검토와 실행 계획을 함께 병행하도록 돕는 것이 중요하다. 이상과 현실의 균형을 맞추는 법을 배우면 더 큰 성취와 지속 가능한 성공을 이룰 수 있다.

사람을 읽는 기술

•• #21 피해자형 인간

모든 상황에서 자신을 피해자로 설정하며 타인의 동정과 지지를 얻으려는 경향을 가진 사람

피해자형 인간은 스스로를 늘 피해자로 인식하며 모든 문제의 원인을 외부로 돌리고 자신은 불공정한 대우를 받았다고 주장한다. 이들은 타인의 동정과 관심을 끌기 위해 감정적으로 호소하며 자신의 책임을 회피하거나 무력감을 과장하는 경우가 많다. 반복적인 피해자 서사는 주변 사람들에게 피로감을 줄 수 있다.

피해자형 인간의 주요 특징으로는 문제의 원인을 외부로 돌리는 태도와 "나는 잘못이 없고 다 외부 요인 때문이다"라는 사고방식이 있다. 타인에게 자신의 힘듦을 반복적으로 호소하며 동정을 얻으려는 동정과 관심 요구와 상황의 결과에 대해 스스로의 책임을 인정하지 않는 책임 회피도 두드러진다. 자신의 불행이나 어려움을 극대화해 표현하며 "왜 나만 이런 일이 생길까?"라는 피해 의식에 사로잡힌 부정적 태도도 자주 나타난다.

이들의 긍정적인 면으로는 문제를 효과적으로 공유하며 도움을 얻는 타인의 공감과 주의를 끌어내는 능력과 부정적인 면을 빠르게 파악해 개선점을 제시할 가능성이 있는 현실 문제의 민감한 인식이 있다. 자신의 감정을 표현하는 데 능숙하며 이를 통해 주변과 소통하는 감정 표현 능력과 이야기를 통해 타인의 관심과 감정을 끌어내는 공감 유도 능력도 강점이다. 또 끊임없이 도움을 요청하며 관계에서 주목받는 역할을 하기도 한다.

그러나 단점도 분명하다. 지속적인 피해자 서사가 반복되면 주변 사람들이 지치게 되는 타인에게 피로감 유발과 스스로를 피해자로 설정하며 문제 해결에 대한 책임을 방기하는 성장의 한계가 있다. 도움과 동정을 지속적으로 요구해 관계의 균형이 깨지는 관계의 불균형과 주변 사람들에게 부정적 에너지를 전파하며 분위기를 침체시키는 부정적 분위기 조성도 문제로 작용한다. 스스로를 무기력하게 설정하며 자기 효능감이 낮아지는 자존감 저하 지속도 단점 중 하나다.

피해자형 인간은 자신의 태도를 긍정적으로 변화시키고 문제 해결에 능동적으로 참여하려는 노력이 필요하다. 이를 통해 주변 사람들과의 관계를 더욱 건강하게 유지하고 자기 자신에게도 긍정적인 변화를 가져올 수 있을 것이다.

피해자 의식의 딜레마

상호는 언제나 피해자였다. 적어도 그는 그렇게 믿었다. 중학교 때는 친구들 사이의 오해로 따돌림을 당했고 그 트라우마는 상호의 인생을 바꿔놓기 시작했다. 대학 시절에는 과제를 같이 하던 팀원이 그를 무시한다고 느꼈고 직장에 들어간 이후에는 동료들이 그를 외면한다고 느꼈다.

그의 삶은 끊임없이 억울함과 상처로 점철된 듯했다. 상호는 직장 문제로 오랫동안 살았던 고향을 떠나 새롭게 이사한 도시에서 새로운 시작을 다짐했다. 그러나 이사 첫날부터 그는 혹여나 동네 주민들이 자신을 무시할까 신경이 바짝 곤두선 채 긴장감을 놓지 않았다.

새로 이사 온 건물에 경비 아저씨는 그에게 다가와 친절하게 말을 걸었지만 상호는 경비 아저씨의 질문 하나하나가 자신의 상황을 캐내려는 의도라고 여겼다.

"직장은 어디 다니세요? 혼자 사세요?"

상호는 속으로 생각했다.

'저 사람이 왜 이런 걸 물어보지? 나를 평가하려는 건가?'

그 후로 상호는 경비 아저씨와 거리를 두었다. 경비 아저씨는 상호를 마주칠 때마다 몇 번 더 먼저 인사를 건넸지만 상호는 항상 무뚝뚝하게 대답하거나 자리를 피해버렸다.

어느 날 상호는 회사의 워크숍에 참석하게 되었다. 다른 사업부의 모르는 사람들과 한 팀이 된 상호는 처음에는 열심히 참여하려 했지만 자신이 팀에서 충분히 인정받지 못하고 무시당하고 있다고 느꼈다. 팀 구성원이 아이디어를 나누는 자리에서 그의 의견이 채택되지 않자 그는 확신했다.

'내가 같은 사업부가 아니라고 사람들은 나를 무시하네. 틀림없어'

구성원들이 그를 고의로 배제한다고 생각한 그는 상사에게 이를 이야기하며 구성원을 바꿔달라고 요청했다. 하지만 상사는 팀의 입장을 듣고 나서 "서로 의견을 결정하는 과정에 있어서 오해가 있었던 것 같다"라는 말로 대화를 끝냈다.

상호는 워크숍이 끝난 후 이것이 직장 내 괴롭힘이라 확신하며 인터넷에서 직장 내 괴롭힘에 대해 알아보았지만 실행에 옮길 용기가 없어 직장인 블라인드 커뮤니티를 통해 회사에 대한 안 좋은 글들을 열심히 적어

올렸다.

상호에게는 친구가 많지 않았지만 그나마 마음이 맞다고 생각하는 오랜 친구인 호성이 있었다. 호성은 상호를 위해 항상 조언하고 위로하며 그를 돕는 사람이었다. 그러나 타지 생활을 하며 호성과 떨어져 지내는 시간이 길어진 상호는 호성의 조언조차 자신을 비난하는 것처럼 느꼈다.

"내가 잘못했다는 뜻이야? 왜 항상 나만 문제인 것처럼 말하는 거지?"

호성이 무슨 말을 하면 상호는 항상 비꼬며 신경질 적이었고 이런 상호와의 관계를 극복하지 못한 호성은 결국 상호의 관계를 정리했다. 상호는 세상에 믿을만한 사람들이 하나 없고 모두 나에게 피해만 주는 사람들로 가득 차 있다고 생각하며 사회에도 불만을 갖기 시작했다.

시간이 지날수록 상호의 인간관계는 더 좁아지고 고립되어 갔다. 그는 새로운 사람을 만날 때마다 상처받을 것을 두려워했다. 누군가 조금만 자신과 다른 의견을 보이면 그것을 자신에 대한 비난으로 받아들였고 결국 관계를 끊었다. 다니고 있던 직장도 사람들과의 관계에 있어 극복하지 못한 채 그만두고 혼자 일하는 업무를 갖은 직장으로 재 취업하게 되었다.

상호의 머릿속에는 항상 같은 생각이 맴돌았다.

'나는 왜 항상 이런 일을 당하는 걸까?'

하지만 그는 한 가지 중요한 사실을 보지 못했다. 그의 사고방식과 행동이 그를 점점 더 고립으로 몰아넣고 있었다는 것을. 그는 여전히 새로운 직장에서도 사람들과 새로운 갈등을 겪고 그 속에서 자신이 피해자라고 믿는다. 그러나 그가 자신의 마음속 상처를 직면하고 자신의 사고방식을 바꾸지 않는 한 그의 이야기는 영원히 같은 패턴으로 반복될 것이다.

피해자형 인간 대처법

감정적인 문제를 가진 사람들과 대화할 때는 먼저 그들의 감정을 공감하면서도 대화를 문제 해결로 자연스럽게 전환하는 것이 중요하다. "그 상황이 정말 힘드셨겠네요. 그런데 앞으로 어떻게 하면 더 나아질 수 있을까요?"와 같은 접근은 감정을 인정하면서도 해결책을 모색하도록 유도한다. 동시에 피해자 서사에서 벗어나 책임감을 느낄 수 있도록 "그 상황에서 당신이 할 수 있는 일이 있었다면 뭐였을까요?"라는 질문을 통해 스스로의 역할을 되돌아보게 하는 것이 효과적이다.

문제를 과장하지 않도록 돕는 것도 중요하다. "그 부분이 힘드셨겠지만 다른 시각으로 보면 이런 점도 있지 않을까요?"라는 말은 객관적인 관점을 제시하며 상황을 균형 있게 바라보도록 한다. 또한 부정적인 이야기가 아닌 긍정적인 행동을 칭찬하며 이를 강화해야 한다. "이런 어려움 속에서도 이런 선택을 하신 건 정말 대단해요"라는 칭찬은 긍정적인 변화를 지속적으로 장려할 수 있다.

반복적으로 부정적인 이야기를 하려는 경우 대화를 차단하거나 다른 방향으로 돌려야 한다. "그 이야기는 전에 들었어요. 이번에는 다른 이야기를 해 볼까요?"와 같은 접근은 불필요한 부정성을 줄이고 대화를 긍정적으로 이끌어 가는 데 도움을 준다.

마지막으로 자신감을 북돋아 주는 환경을 제공하며 그들이 스스로 문제를 해결할 수 있는 능력을 갖췄음을 인식하게 해야 한다. "당신은 이런 문제를 해결할 능력이 충분히 있어요. 스스로를 믿어 보세요"라는 말은 피해자 의식에서 벗어나 긍정적인 방향으로 나아가게 하는 데 효과적이다. 이러한 접근은 감정을 존중하면서도 생산적인 대화를 가능하게 하고 문제 해결 능력을 키우는 데 기여할 수 있다.

사람을 읽는 기술

•• #22 공감형 인간

타인의 감정과 상황에 깊이 공감하며 상대방의 입장에서 생각하고 행동하려는 사람

공감형 인간은 타인의 감정과 처지를 잘 이해하며 정서적으로 민감하고 따뜻한 태도를 가진다. 이들은 대화에서 상대방의 감정에 귀 기울이고 공감을 통해 관계를 강화하려는 성향이 있다. 그러나 때로는 지나친 공감이 자신을 희생하거나 감정적 부담을 초래할 수도 있다.

공감형 인간의 주요 특징으로는 타인의 감정을 빠르게 파악하고 이에 적절히 반응하는 감정적 민감성과 상대방의 어려움에 공감하며 적극적으로 도움을 제공하려는 타인을 위한 배려와 지원이 있다. 또한 상대방의 이야기를 주의 깊게 듣고 필요한 위로나 조언을 제공하는 높은 경청 능력과 인간관계를 중시하며 화합과 이해를 우선시하는 관계 중심적 태도도 두드러진다. 이들은 타인의 필요를 자신보다 우선시하는 자기 희생 성향도 자주 보인다.

이들의 긍정적인 면으로는 타인과의 소통에서 깊은 신뢰와 유대를 형성하는 높은 대인 관계 능력과 감정적으로 힘든 사람에게 위로와 지지를 제공하며 위기 상황에서 안정감을 주는 점이 있다. 대립 상황에서 양측의 입장을 이해하고 조화로운 해결책을 제안하는 갈등 중재 능력과 팀 내에

서 협력과 조화를 이끌며 긍정적인 분위기를 조성하는 팀워크 강화 능력
도 강점이다. 배려와 이해를 통해 주변 사람들에게 긍정적인 영향을 미치
는 타인에게 영감 제공도 이들의 장점이다.

그러나 단점도 존재한다. 타인의 문제를 지나치게 자신의 일처럼 느껴
심리적 피로를 겪는 감정적 부담 과중과 상대방의 감정을 고려하느라 자
신의 의견을 명확히 드러내지 못하는 자기 주장 부족이 문제로 작용할 수
있다.

자신이 아닌 타인의 행복이나 감정 상태에 크게 영향을 받는 타인 의존
경향과 상대방을 불편하게 할까 두려워 갈등 상황을 피하려는 갈등 회피
성향도 단점이다. 또 자신의 필요와 욕구를 무시하고 타인의 요구에 과도
하게 맞추려는 자기 희생적 행동도 이들의 한계 중 하나다.

공감형 인간은 자신의 공감 능력을 긍정적으로 유지하면서도 자신을
보호하는 균형 잡힌 태도를 기를 필요가 있다. 이를 통해 타인과의 건강
한 관계를 유지하며 스스로도 심리적으로 안정된 상태를 유지할 수 있을
것이다.

공감의 무게

선화는 사람들이 흔히 말하는 MBTI F의 사람으로 통했다. 직장에서든
친구 사이에서든 가족 안에서든 그녀는 항상 배려하고 들어주고 돕는 사
람이었다. 하지만 선화의 마음속은 늘 혼란스러웠다. 공감은 하지만 다른
사람의 눈치를 많이 보는 그녀는 정작 자기 마음을 잘 알지 못했다. 그녀
는 언제부터인지 몰라도 자신을 나중으로 미루는 삶에 익숙해져 있었다.

선화는 회사에서 항상 밝고 활기찬 모습으로 모두에게 인정받고 있었다. 하지만 그녀의 업무 시간은 늘 예상보다 길어졌다. 이유는 단순했다. 동료들이 업무상 힘들어하거나 막히는 일이 있는 것 같으면 그녀가 먼저 나섰기 때문이다.

"대리님 제가 도와드릴 거라도 있을까요?"

이런 선화의 성격을 잘 아는 사람들은 거절하지 않고 선화의 선의를 선뜻 받아들였다.

"선화 님, 이거 좀 도와줄 수 있어요? 제가 업무가 많아서 이걸 정말 못하겠어요."

최 대리의 요청에 선화는 잠시 자신의 업무를 멈추고 그의 자리로 다가갔다. 선화는 최 대리의 일을 도와주는 데만 두 시간을 썼고 그녀의 업무는 퇴근 후로 미뤄졌다. 최 대리는 말했다.

"선화 님은 퇴근 안 해요? 뭐 도와줄 일 있어요?"

선화는 손사래를 치며 말했다.

"아니에요 대리님, 저도 이제 퇴근하려고요. 먼저 들어가세요!"

사무실이 텅 빈 늦은 밤 혼자 책상에 앉아 있는 선화는 한숨을 쉬었다.

'괜히 도와준다고 나섰나?… 아니야. 내가 대리님을 도와줘서 대리님이 일찍 퇴근했으면 됐지. 혼자 사무실에 남아있으니까 꼭 커리어 우먼이 된 것 같잖아!'

선화는 스스로를 위안했다.

선화에게는 고등학교 때부터 친했던 친구 윤정이 있었다. 윤정은 최근 연인과의 갈등으로 마음이 힘들어 밤마다 선화에게 전화를 걸었다.

"선화야, 나 정말 어떡해야 할지 모르겠어."

그날도 늦은 밤, 윤정의 울음 섞인 목소리가 선화의 귀에 들려왔다. 선화는 피곤했지만 남자친구와 갈등을 겪고 있는 윤정을 위로하기 위해 한 시간을 넘게 전화를 받았다. 윤정은 고맙다는 말을 했지만 며칠 뒤 또 같은 내용의 이야기를 반복했다.

윤정의 문제를 듣고 공감하며 위로해 주던 선화는 갑자기 점점 자신이 소모되는 느낌을 받았다. 항상 다른 사람의 상황을 먼저 이해하고 공감해 주는 그녀였지만 정작 자신이 위로받는 시간은 어디에도 없었다는 걸 느끼기 시작했다. 하지만 곧장 그녀는 또 긍정적으로 생각하며 본인이 다른 사람에게 꼭 필요한 존재라는 걸 생각하고는 잠시 뿌듯함을 느꼈다.

가정에서 선화는 "언제나 들어주는 사람"이었다. 가족들의 스트레스부터 아버지의 직장 문제까지 모두 그녀의 몫이었다. 주말에 쉬고 싶었지만 부모님은 가족과 함께 여행을 가고 싶어 했고 이 모든 플랜을 선화가 도맡아서 진행했다.

어머니가 말씀하셨다.

"우리가 딸은 정말 잘 키웠어." 아버지도 옆에서 덧붙였다.

"그러게 말이야. 선화가 우리 집 복덩이지 복덩이!"

이 말을 들은 선화는 모두 나 때문에 행복 것 같아 힘들지만 기뻤다.

하지만 한편으로는 '나도 좀 쉬고 싶다… 그렇지만 가족을 위한 거니까…'라는 생각이 들었다. 주말이 끝난 뒤, 그녀는 온몸이 무겁고 마음 한편에 공허함이 자리 잡는 걸 느꼈다. 그녀의 여가 시간은 또 없었다.

시간이 지나면서 선화는 자신의 삶이 무언가 잘못되었다고 느꼈다. 직장에서는 동료들의 부탁을 거절할 수 없어 자주 야근을 해야 했고 친구들에게는 위로만 하다 보니 스스로가 텅 빈 기분이었다. 가정에서도 가족들

사람을 읽는 기술

은 그녀의 희생을 당연하게 여겼다.

어느 날, 민정은 거울 속 자신을 보며 중얼거렸다.

"내가 왜 이렇게 살고 있지?…"

그녀는 생각했다. 자신이 얼마나 타인을 위해 노력해 왔는지를. 그러나 아무도 그녀의 공허함을 알아주지 않는 현실 속에서 선화는 자신이 스스로를 돌보는 법을 잊어버렸다는 것을 깨달았다.

공감형 인간 대처법

자기 경계를 설정하고 균형 잡힌 대화를 유지하려면 타인의 문제에 과도하게 몰입하지 않도록 자신의 한계를 명확히 하는 것이 중요하다. "제가 지금 도와드릴 수 있는 부분은 여기까지예요. 나머지는 스스로 해 보시는 게 좋을 것 같아요"라는 말은 도움을 주면서도 자기 경계를 지키는 데 효과적이다.

공감을 하되 자신의 심리적 건강과 시간을 돌보는 데도 신경 쓰도록 조언하며 "당신이 항상 타인을 돌보는 모습이 인상적이에요. 그런데 가끔은 스스로를 챙길 시간도 필요하지 않을까요?"라고 말해 자기 돌봄의 중요성을 강조할 수 있다. 감정적 공감에 머물지 않고 실질적인 문제 해결로 초점을 전환하는 것도 필요하다. "정말 힘든 상황이셨겠어요. 그런데 앞으로 이 문제를 어떻게 해결할 수 있을까요?"라는 질문은 감정에서 실질적 행동으로 대화를 발전시킨다.

모든 문제를 자신이 떠안지 않도록 상대방이 스스로 해결할 책임이 있음을 상기시키는 것이 중요하다. "제가 도울 수 있는 부분은 도와드릴게요. 하지만 이건 당신이 주도적으로 해결해야 할 부분 같아요"와 같은 말은 책임감을 부여하는 데 도움이 된다. 지나친 배려로 자신의 의견을 억누르지 않도록 상대방의 감정을 고려하면서도 자신의 입장을 명확히 전달해야 한다. "당신의 입장은 이해하지만, 제 생각은 조금 달라요. 이렇게 하는 게 더 좋을 것 같아요"라는 말은 서로의 의견을 조화롭게 조율할 수 있다.

마지막으로 균형 잡힌 공감과 배려의 방법을 다른 사람들의 사례를 통해 제안하는 것도 효과적이다. "저도 비슷한 상황이 있었는데, 그때는 상대방을 돕되 저만의 시간을 확보했어요"와 같은 예시는 상대방에게 실질적 도움을 줄 수 있다. 이러한 접근은 타인을 돕는 동시에 자신의 감정과 필요를 존중하는 건강한 관계를 유지하는 데 기여한다. 공감형 인간은 관계와 소통에서 중요한 역할을 하며 타인에게 감정적 안정과 위로를 제공할 수 있는 큰 강점을 지닌다. 그러나 지나친 공감은 스스로를 소진시키거나 관계의 불균형을 초래할 수 있다.

이들과 함께 생활하거나 일할 때는 공감과 자기 돌봄의 균형을 유지하도록 도와주며 타인의 문제를 자신의 것으로 받아들이지 않는 건강한 경계를 설정할 수 있도록 유도하는 것이 중요하다. 공감은 자신과 타인을 동시에 배려할 때 더 큰 힘을 발휘한다.

2부

22가지 인간 유형의
상호작용과 사회적 맥락

•• 인간 유형과 상호작용의 복잡성

인간은 다양한 성격과 행동 패턴을 통해 서로 영향을 주고받는다. 각기 다른 욕구와 특성을 지닌 사람들 간의 상호작용은 때로는 갈등을 때로는 시너지를 만들어 낸다. 22가지 인간 유형은 그들만의 독특한 특성과 한계를 통해 사회적 관계에서 다양한 방식으로 작용하기 때문에 이 유형들이 어떻게 상호작용하며 어떤 사회적 결과를 초래하는지 인간 유형별 특성과 상호작용의 특징에 대하여 알아보자.

인정욕구형 인간 vs 자기과시형 인간

인정욕구형 인간은 타인의 관심을 갈구하며 살아간다. 자기과시형 인간은 자신의 우월함을 드러내는 데 집중한다. 이 두 유형이 만날 경우 상호 경쟁적이거나 보완적일 수 있다. 인정욕구형이 자기과시형의 이야기에 경청하며 관심을 보일 때 관계가 지속될 수 있지만 인정욕구형이 자신의 관심을 받지 못한다고 느끼면 갈등이 발생할 수 있다.

관계과시형 인간 vs 열정과잉형 인간

관계과시형 인간은 자신의 인간관계를 통해 자부심을 느끼며 열정과잉형 인간은 과도한 에너지와 열정으로 주목받고 싶어 한다. 이 둘의 상호작용은 때로는 유쾌한 분위기를 만들어 낼 수 있으나 열정과잉형의 지나친 에너지가 관계과시형에게 부담으로 작용할 수 있다. 이로 인해 관계가 불균형해질 가능성이 있다.

자기만족형 인간 vs 완벽주의형 인간

자기만족형 인간은 타인의 의견에 무관심하며 자신의 기준에 충실하다. 반면 완벽주의형 인간은 자신의 높은 기준을 타인에게 강요한다. 이 두 유형이 상호작용할 경우 완벽주의형은 자기만족형의 태도에 답답함을 느끼고 자기만족형은 강요를 거부하며 갈등이 발생할 수 있다.

답정너형 인간 vs 계산적 인간

답정너형 인간은 스스로 정한 답만을 기다리며 계산적 인간은 모든 것을 손익으로 판단한다. 이 조합에서는 답정너형이 계산적 인간의 냉정한 접근에 실망하거나 반발할 가능성이 크다. 특히 계산적 인간이 답정너형의 감정적 질문에 논리적인 반응을 보일 때 오해가 생길 수 있다.

지적욕구형 인간 vs 비판형 인간

지적욕구형 인간은 지식을 통해 우월감을 확인하려 하며 비판형 인간은 문제점을 찾는 데 초점을 맞춘다. 이 둘은 서로를 자극하며 생산적인

사람을 읽는 기술

논의를 이어갈 수도 있지만 비판형이 지적욕구형의 지식을 폄하하거나 반박하면 충돌이 불가피하다.

냉소적 인간 vs 갈등유발형 인간

냉소적 인간은 모든 것을 부정적으로 바라보고 갈등유발형 인간은 소문과 왜곡으로 관계를 무너뜨린다. 이 조합은 사회적 불안을 심화시키는 위험한 조합이다. 냉소적 인간이 갈등유발형의 행동을 불신하며 회피할 가능성이 크며 갈등유발형은 냉소적 인간의 태도를 더욱 부정적으로 활용할 수 있다.

뻔뻔형 인간 vs 책임회피형 인간

뻔뻔형 인간과 책임 회피형 인간은 서로에게 강한 공감대를 느낄 가능성이 있다. 두 유형 모두 책임을 회피하며 자기중심적으로 행동하기 때문에 상호 협력보다는 문제를 서로에게 떠넘기며 더 큰 갈등을 유발할 수 있다.

정치적 인간 vs 기회주의형 인간

정치적 인간은 관계를 조작하며 이익을 극대화하려 하고 기회주의형 인간은 유리한 환경에만 반응한다. 이 두 유형은 단기적으로 협력할 수 있으나 정치적 인간이 기회주의형의 충성심 부족을 간과하거나 기회주의형이 정치적 인간의 계산적인 행동을 비판하면 관계가 악화된다.

의존형 인간 vs 아첨형 인간

의존형 인간은 자신의 결정보다 타인의 능력에 의존하며 아첨형 인간은 비위를 맞추고 호의를 얻으려 한다. 능력의존형은 아첨형의 비위를 활용할 가능성이 높으며 아첨형은 능력 의존형에게 과도한 기대를 심어 줄 수 있다. 이 상호작용은 의존적이고 비생산적인 관계로 이어질 수 있다.

감정기복형 인간 vs 이상주의형 인간

감정기복형 인간은 예측 불가능한 감정으로 혼란을 유발하며 이상주의형 인간은 현실을 간과하고 이상만을 좇는다. 이 둘의 상호작용은 이상주의형 인간이 감정 기복형의 변덕에 상처를 받거나 감정기복형이 이상주의적 인간의 비현실적 태도에 좌절하는 방식으로 갈등이 빚어진다.

피해자형 인간 vs 공감형 인간

피해자형 인간은 스스로를 피해자로 설정하며 공감형 인간은 배려와 공감을 넘어서 자신의 감정을 희생한다. 이 조합은 공감형 인간이 피해자형 인간의 끝없는 요구에 지치고 소진될 가능성이 높다. 한쪽의 에너지가 고갈되면 관계가 단절될 수 있다.

•• 상호작용의 공통적 문제점과 해결

　인간 유형 간 상호작용에서 나타나는 공통적 문제는 서로 다른 욕구와 관점에서 비롯된다. 이러한 차이는 관계를 풍부하게 만들 수 있는 가능성을 내포하고 있지만 종종 갈등과 오해를 초래하기도 한다.

　각 유형은 고유의 가치관과 행동 패턴을 지니고 있다. 이는 서로의 의도를 오해하거나 부정적으로 받아들이는 상황을 유발할 수 있다. 예를 들어 인정욕구형 인간은 타인의 관심 부족을 비난으로 해석할 수 있으며 반대로 자기만족형 인간은 다른 사람의 배려를 자신의 영역 침범으로 받아들일 수 있다. 이로 인해 감정적 상처와 신뢰의 균열이 생긴다.

　상호작용 과정에서 한쪽이 과도하게 희생하거나 적응하는 경우 에너지 소모가 심화된다. 예컨대 공감형 인간이 감정기복형 인간의 예측 불가능한 감정 변화에 대응하며 끊임없이 배려할 경우 감정적 고갈이 발생할 수 있다 이는 결국 관계의 지속 가능성을 저해하는 요인으로 작용한다.

　특정 유형이 상대를 지배하거나 소외시키는 관계는 건강하지 않다. 완벽주의형 인간이 자신의 기준을 상대에게 강요하면, 자기만족형 인간은 관계에서 점점 멀어질 가능성이 높다. 이러한 불균형은 상호 의존적 관계의 붕괴로 이어질 수 있다.

　갈등을 최소화하고 조화를 이루기 위해서는 다음과 같은 원칙이 필수적이다.

모든 관계의 출발점은 자기 자신을 아는 것이다. 각자의 성향을 이해하고 자신의 강점과 약점을 인식하는 것은 건강한 상호작용의 기초가 된다. 자기 이해는 또한 한계를 설정하는 데 도움을 준다. 예컨대 아첨형 인간은 자신의 행동이 때로는 자기 가치를 희생하는 결과를 초래할 수 있음을 인식하고 이를 제한할 필요가 있다.

상대방의 고유한 특성과 욕구를 인정하면서도 과도한 요구를 하지 않는 경계가 중요하다. 이는 서로의 자유와 존엄성을 보장하며 관계의 긴장을 완화하는 데 기여한다. 예를 들어 계산적 인간은 타인의 감정적 요소를 간과하지 않도록 주의해야 하며 감정기복형 인간은 자신의 감정을 절제하며 상대방에게 부담을 덜 주려는 노력이 필요하다.

상호작용에서 에너지와 책임을 공평하게 나누는 것은 관계를 지속시키는 핵심 요소다. 균형 잡힌 관계는 한쪽의 지나친 희생이나 의존을 방지하며 상호 신뢰를 형성한다. 예컨대 열정 과잉형 인간은 자신의 에너지가 상대방에게 부담이 되지 않도록 스스로 조절해야 하며 관계 과시형 인간은 자신의 욕구를 절제하여 상호 평등을 유지해야 한다.

명확하고 솔직한 의사소통은 갈등을 줄이는 데 가장 효과적이다. 상대방의 관점을 경청하며 자신의 생각을 명확히 전달하는 것은 오해를 줄이고 관계를 강화한다. 정치적 인간과 이상주의적 인간의 경우 서로의 동기와 현실적인 가능성을 열린 마음으로 논의할 때 갈등을 해결할 수 있다.

이와 같이 22가지 인간 유형은 각각 독특한 특성과 한계를 가지고 있으며 이러한 다양성은 사회적 관계의 복잡성과 풍부함을 나타낸다. 그러나 이 다양성은 동시에 오해와 갈등의 가능성을 내포하고 있다. 관계의 조화를 이루기 위해서는 자기 이해와 타인에 대한 존중이 필수적이다.

사람을 읽는 기술

자기 이해는 개인이 자신의 욕구와 행동 패턴을 정확히 파악하고 이를 기반으로 관계에서의 역할과 한계를 설정하는 데 도움을 준다. 이러한 자기 이해가 타인에 대한 존중과 결합될 때 관계는 서로의 부족함을 보완하며 발전할 수 있다.

의사소통은 갈등을 해결하고 신뢰를 구축하는 데 가장 중요한 요소다. 명확한 표현과 경청은 오해를 줄이고 다양한 인간 유형 간의 간극을 메우는 다리가 된다. 이를 통해 각자는 상대방의 관점을 이해하고 서로에게 더 나은 지지와 공감을 제공할 수 있다.

궁극적으로 인간 유형 간의 상호작용에서 중요한 것은 조화와 균형이다. 각자의 고유한 특성이 서로의 부족함을 메우며 더 나은 관계를 형성할 수 있다. 이는 개인뿐만 아니라 사회 전반에 긍정적인 영향을 미치며 건강하고 지속 가능한 인간관계를 구축하는 기반이 된다.

사람을 읽는 기술

ⓒ 김영석, 2025

초판 1쇄 발행 2025년 2월 20일

지은이   김영석
펴낸이   이기봉
편집   좋은땅 편집팀
펴낸곳   도서출판 좋은땅
주소   서울특별시 마포구 양화로12길 26 지월드빌딩 (서교동 395-7)
전화   02)374-8616~7
팩스   02)374-8614
이메일   gworldbook@naver.com
홈페이지   www.g-world.co.kr

ISBN   979-11-388-4031-6 (03180)